PSICANÁLISE E PANDEMIA

Organizador:
Fórum do Campo Lacaniano — MS

©2020 Aller Editora
Psicanálise e pandemia

Editora	Fernanda Zacharewicz
Conselho editorial	Andréa Brunetto — Escola de Psicanálise dos Fóruns do Campo Lacaniano
	Beatriz Santos — Université Paris Diderot — Paris 7
	Lia Carneiro Silveira — Universidade Estadual do Ceará
	Luis Izcovich — Escola de Psicanálise dos Fóruns do Campo Lacaniano
	Maria Lívia Tourinho Moretto — Universidade de São Paulo
Organização	Fórum do Campo Lacaniano — MS
Revisão	Fernanda Zacharewicz
	André Luiz Rodrigues
Capa	Wellinton Lenzi
Diagramação	Sonia Peticov

Primeira edição: setembro de 2020
3ª impressão: março de 2021

Dados Internacionais de Catalogação na Publicação (CIP)

Ficha catalográfica elaborada por Angélica Ilacqua CRB-8/7057

P969

    Psicanálise e pandemia / organizado por Fórum do Campo Lacaniano — MS. — São Paulo: Aller, 2020.
    208 p.

    ISBN: 978-65-87399-11-9
    ISBN ebook: 978-65-87399-09-6

    1. Psicanálise 2. Epidemias — Aspectos psicológicos I. Fórum do Campo Lacaniano — MS

20-2948   CDD 150.195
                                                               CDU 159.964.2

Índice para catálogo sistemático
1. Psicanálise

Publicado com a devida autorização e com
todos os direitos reservados por

ALLER EDITORA
Rua Wanderley, 700
São Paulo-SP, CEP: 05011-001
Tel: (11) 93015.0106
contato@allereditora.com.br
Facebook: Aller Editora

Sumário

Prefácio   5

Análise *on-line* em tempos de quarentena   13
ANTONIO QUINET

Necropolítica e psicanálise   31
TATIANA TEIXEIRA DE SIQUEIRA BILEMJIAN RIBEIRO

A cidade e a peste   37
MARCELO BUENO

A negação da pandemia e o mal-estar na civilização   41
HILZA MARIA DE AQUINO NUNES FERRI

O corpo na psicanálise   49
LUIS IZCOVICH

Análise *on-line* no tempo da pandemia   81
RAINER MELO

A imperfeição necessária do analista   89
ALBA ABREU LIMA

Psicanálise *on-line*: possibilidades e limites   95
ANDRÉA BRUNETTO

A "via dolorosa da transferência" e a análise via *on-line*: esboçando algumas questões e uma resposta   101
LIA SILVEIRA

O tempo da transferência   113
BERNARD NOMINÉ

A covid pode bem servir aos covardes   131
DANIEL FOSCACHES

A pandemia que nos quebra, como cristais   139
MARISA COSTA

Juventude do desejo e a pandemia   147
CLAUDIA WUNSCH

Que a memória das sacadas não emudeça   153
CARMEN GALLANO

Noites sombrias: velhice e desamparo   177
ISLOANY MACHADO

"Considerações sobre a guerra e a morte" e suas possíveis relações com a pandemia   183
PRICILA PESQUEIRA DE SOUZA

Morte e luto na pandemia   193
MARILENE KOVALSKI

Pontuações sobre o luto e a ética da psicanálise   199
ZILDA MACHADO

Prefácio

Estamos em 2020 e, neste ano, mais precisamente em março, o impossível, o impensável aconteceu: o Real invadiu e afligiu o mundo na forma de um vírus potencialmente letal e extremamente contagioso. O Real, esse conceito tão difundido na psicanálise, remete ao traumático, ao que não pode ser nomeado; como diz Lacan, o Real é o que anda mal[1]. Todas as nações sofrem, e o Brasil, além de padecer com um número incontável de doentes e mortes, precisa lidar com o despreparo e a irresponsabilidade de algumas autoridades políticas do país. Como única proteção contra a disseminação da covid-19, doença ainda pouco conhecida, a Organização Mundial de Saúde (OMS) recomendou que as pessoas ficassem em casa, mudando, assim, a rotina, os planos e a vida das pessoas.

Esse Real repercute também na prática psicanalítica: com os consultórios fechados, os psicanalistas, muitos deles pela primeira vez, começaram a atender remotamente, auxiliados pelo poderoso e ao mesmo tempo complicado recurso da internet. Sem a presença física dos analistas, os analisantes tiveram que se acostumar com a alteração do *setting* analítico. Persistindo em meio ao caos, o divã foi recriado na casa dos pacientes e a psicanálise em intensão seguiu. Nesse contexto difícil, deu-se o nascimento da presente publicação.

---

[1]LACAN, J. (1974) A terceira. Seminário proferido no Sétimo Congresso da École Freudienne de Paris, aula de 31 de outubro de 1974. Roma. Inédito.

Lacan considera que o psicanalista não deve ficar indiferente às questões de sua época e, por isso, nós membros do Fórum do Campo Lacaniano do Mato Grosso do Sul, animados pela proposta da colega Andréa Brunetto, nos juntamos para realizar a I Jornada *on-line* do país como forma de manter a psicanálise no mundo, em extensão, viva! Intitulada *Psicanálise e pandemia*, o objetivo da Jornada era discutir o papel da psicanálise e do psicanalista durante a pandemia do coronavírus.

Por meio de uma plataforma de reuniões virtuais, realizamos nosso encontro no dia 30 de maio de 2020. Dezenas de trabalhos foram apresentados e mais de 500 pessoas assistiram ao vivo. Além dos colegas de nosso estado, contamos com a participação de Alba Abreu (FCL-Aracaju), Zilda Machado (FCL-Belo Horizonte), Rainer Melo (FCL-Rio de Janeiro e FCL-Juiz de Fora) e Lia Silveira (FCL-Fortaleza). Com isso, surgiram a demanda e o desejo de registrar em livro o encontro. Na organização dos textos, decidimos convidar psicanalistas de nossa Escola que marcaram a história do FCL-MS. Prontamente eles aceitaram o convite: Antonio Quinet (Rio de Janeiro), Bernard Nominé (França), Carmen Gallano (Espanha) e Luis Izcovich (França). O livro ganhou corpo, letra.

Depois de quase tudo pronto, faltava ainda uma parte importante: a abertura do livro. Para essa função, nós, Tatiana Siqueira Ribeiro e Marisa da Costa Martinez, ambas analistas do Mato Grosso do Sul, fomos encarregadas de, a quatro mãos, escrevê-la. Não poderia ser uma escrita qualquer, pois este livro é muito especial: ele retrata os acontecimentos de nossa época sob o olhar da psicanálise. Seguimos.

Enquanto pensávamos no que dizer, não sabíamos ao certo o que poderíamos falar, mas tínhamos uma certeza: citaríamos uma letra de música. Uma canção bonita, de preferência do Chico, ou do Cartola, ou poderia ser do Gonzaguinha. Dessas músicas que ouvimos sempre e das quais nos lembramos o dia todo, desde que acordamos até a hora em que vamos dormir. Dessas que nos invadem, vão até nossas análises e nos arrebatam quando estamos cozinhando. Dessas que sempre vêm à nossa cabeça como uma resposta. Resposta para uma briga, uma brincadeira ou uma declaração de amor. Ou aquele tipo de música que nos surge quando estamos simplesmente conversando com uma amiga. Se temos sempre uma música para tudo, acharíamos uma para este momento.

Durante a escrita, pensávamos em Freud e em sua afirmação de que o artista antecede o psicanalista. A psicanálise ensina que a arte nos ajuda a circundar o Real. A arte, aliás, afeta o Real. Utilizando-a como aliada e instrumento para tecer sua teoria, Freud se apropriou da arte para compreender as questões do humano e conceituou, por exemplo, o "complexo de Édipo". Dentre as diversas expressões artísticas, especificamente a escultura e a literatura o encantavam, sendo que a música ele pouco considerava. Em "O Moisés de Michelangelo", ao mesmo tempo em que declara a importância da arte para sua vida — "as obras de arte exercem sobre mim um poderoso efeito"[2] —, afirma que, "com a música, sou incapaz de obter qualquer prazer"[3]. Ao contrário de Freud e sendo algo que nos toca pessoalmente, escolhemos a música para abrir este livro.

---

[2]FREUD, S. (1914) O Moisés de Michelangelo. In: FREUD, S. *Edição standard brasileira das obras psicológicas completas de Sigmund Freud. Totem e tabu e outros trabalhos (1913-1914)*. Direção de tradução de Jayme Salomão. Rio de Janeiro: Imago, 1996, volume XIII, p. 217.
[3]*Ibid.*

Zeca Baleiro, na *live*-filme *Inspira: a esperança equilibrista*[4], justificou seu trabalho neste momento de pandemia dizendo que, mais do que nunca, é hora de manter o sonho acordado. Com a psicanálise, sabemos que manter o sonho acordado implica manter o desejo acordado; como afirma Lacan no seminário 21, os desejos contêm sonho. Mas a morte está ao lado da vigília[5]. Miller, na esteira de Freud e Lacan, diz que "não se sonha simplesmente quando se dorme — quando a gente acorda, muitas vezes, é para continuar dormindo, dormindo com os olhos abertos, e assim passamos todo nosso tempo. No momento em que nos aproximamos, no sonho, do que é verdadeiramente real em nós, é nesse momento que acordamos, porque nos dá medo, acordamos para continuar dormindo"[6]. Igualmente, a renomada atriz brasileira Fernanda Montenegro nos faz um alerta para os tempos de pandemia: "Não sentem! Não sentem!". Na mesma linha, Lacan nos adverte que podemos pensar com os pés. Embora não neguemos o vírus, o entusiasmo dos artistas e dos psicanalistas nos contagiou e manteve nosso desejo acordado: não é hora nem de dormir nem de ficar sentado, mesmo que o tempo pareça propício a isso.

---

[4]Nota da editora: Com o objetivo de promover a esperança durante o confinamento social, a *live*-filme *Inspira: a esperança equilibrista* foi realizada no dia 27 de junho de 2020 e reuniu virtualmente diversos artistas e grupos musicais, como Zeca Baleiro, João Bosco, Ivan Lins e a Orquestra Maré do Amanhã. O encontro foi uma iniciativa da Federação Nacional das Associações do Pessoal da Caixa Econômica Federal (Fenae) e das Associações do Pessoal da Caixa (Apcefs) em parceria com a ONG Redes da Maré, que atua no Complexo de Favelas da Maré.
[5]LACAN, J. (1973-1974) *Os não tolos erram / Os nomes do pai*. Tradução e organização de Frederico Denez e Gustavo Capobianco Volaco. Porto Alegre: Editora Fi, 2018.
[6]MILLER, J.-A. *Percurso de Lacan: uma introdução*. Tradução de Ari Roitman. Rio de Janeiro: Jorge Zahar Editor, 2002, p. 67.

Assim, os artistas têm-se convocado ao trabalho. E nós analistas pegamos carona, e não corona. Não é a primeira vez que os artistas se posicionam frente intolerável do horror. Em 1938, às vésperas da Segunda Guerra Mundial, André Breton — poeta surrealista francês — e Diego Rivera — pintor marxista e revolucionário — redigiram o manifesto *Por uma arte revolucionária independente*, que inicia da seguinte forma: "Atualmente, é toda a civilização mundial, na unidade de seu destino histórico, que vacila sob a ameaça das forças reacionárias armadas com toda a técnica armada. Mesmo agora, em tempos de paz, a situação da ciência e da arte se tornou absolutamente intolerável"[7].

Em 1953, um ano antes de morrer e com a saúde deveras deteriorada, Frida compareceu, deitada em uma maca, à primeira grande exposição de suas pinturas em sua terra natal, o México. Maria Anita Carneiro Ribeiro diz que "o psicanalista não se aposenta, morre" — atesta, assim, aquilo que é verdade tanto para o artista quanto para o psicanalista: o enlace entre desejo e trabalho.

Mesmo tocadas pela arte, mais uma vez o impensável ocorreu. Quando refletíamos sobre o que dizer nesta abertura, não nos surgiu nenhum samba, nenhum choro.... nadinha. Ousamos pensar: o Real, com seu inominável, nos tira a canção? Parafraseando Lacan, o Real tirou a música que habita em nós ou a música na qual habitamos? O que aconteceu conosco, com tantos mortos por dia, todos os dias, sem nação, sem governo, sem canção?

---

[7]BRETON, A. e RIVERA, D. (1938) *Por uma arte revolucionária independente*, p. 1. Disponível em http://www.dominiopublico.gov.br/pesquisa/DetalheObraForm.do?select_action=&co_obra=2331. Acessado em 13 de agosto de 2020, às 11h38.

Resta-nos, primeiramente, um profundo respeito aos mais de cem mil brasileiros mortos pela covid-19 até o dia de hoje. E depois agradecer por estarmos vivos, lúcidos, lutando, contornando o vírus e trabalhando. Agradecer aos membros do Fórum do Campo Lacaniano do Mato Grosso do Sul, idealizador e organizador desta coletânea de textos, e a todos os autores convidados, em especial a Marcelo Bueno, que nos ajudou a revisar os trabalhos aqui publicados.

Esteja o analista em intensão ou extensão, sua falha permanece: desaparecem palavras e músicas, por isso compilamos abaixo uma frase de cada texto deste livro.

Frente a essa falta de respeito de uma fala com dimensão de ato, que a solidariedade seja uma escolha não frente à peste, mas de um homem frente ao outro homem. Que tenhamos voz! Porque paz sem voz não é paz, é medo.

Podemos pensar na psicanálise *on-line* não como uma psicanálise não presencial — ela é presencial, porque implica a presença do analista —, mas *on-line* e presencial também. Ela não é física, mas de outra ordem. Se, para Lacan, "a transferência é uma relação essencialmente ligada ao tempo e ao seu manejo"[8], a transferência, em tempos de coronavírus, me reduz a padecer desse tempo que me pertence menos do que nunca e a privilegiar a transferência como ferramenta virtual, para que o laço analítico, se os analisantes assim o quiserem, não se rompa.

Mais ainda, o que sustenta uma análise é o ato de saber que cada psicanalista encontrou em sua própria análise — a

---

[8] LACAN, J. (1964 [1960]) Posição do inconsciente no Congresso de Bonneval. In: LACAN, J. *Escritos*. Tradução de Vera Ribeiro. Rio de Janeiro: Jorge Zahar Editor, 1998, p. 858.

imperfeição do analista. Embora uma análise seja o encontro entre dois corpos, o corpo não é o sujeito. Dessa forma, uma análise pode iniciar e continuar sem o encontro dos corpos, no entanto, seu final é uma verdadeira separação em relação ao corpo do analista. E isso não é possível sem o encontro dos corpos.

Se na vida basta o espaço de uma fresta para renascer, a forma como um sujeito vai lidar com o Real da pandemia é a forma como ele lida com a castração. A psicanálise é uma longa e paciente investigação sobre os porquês. É um sintoma revelador do mal-estar da civilização na qual vivemos.

Tempo, tempo, tempo. Embora a velhice escancare a castração, suportar a vida é o primeiro dever de todo ser vivo. Que possamos falar sobre a dor e o Real da morte. Reconstruiremos tudo o que a guerra destruiu, e talvez em terreno mais firme e de forma mais duradoura do que antes.

Mesmo em luto, a luta continua!

Campo Grande — MS, 10 de agosto de 2020.

MARISA COSTA
TATIANA SIQUEIRA

ANÁLISE on-line em tempos de QUARENTENA[1]

Antonio Quinet[2]

Estas *lives*, nas quais vou expor o funcionamento da análise *on-line*, é para os psicanalistas, confrontados com a pandemia, a necessidade do isolamento social e o dever ético de sustentarem as análises que conduzem.

A psicanálise é uma forma de tratamento individual, feita entre um sujeito e um analista. O único sujeito em questão é o sujeito do inconsciente, o qual fala e se expressa através da boca e do corpo do analisante. Pois o analista, diante do analisante, não está como um sujeito, e sim como motor da análise, semblante de objeto *a*.

---

[1] Esta é uma transcrição feita por Ana Maria Magalhães de Mello e Souza da *live* exibida no dia 22 de março de 2020. Algumas modificações foram necessárias a fim de adequar a fala do autor ao registro escrito. Transmissão disponível no link *https://www.youtube.com/watch?v=WEX2JAh7m1Q&feature=youtu.be*. Acesso em 28 de julho de 2020, às 10h37.
[2] Psicanalista, psiquiatra, doutor em filosofia pela Universidade de Paris VIII e dramaturgo.

A nossa *live* de hoje é sobre as questões cruciais que a psicanálise *on-line* suscita. Sei que vários analistas já praticam a psicanálise *on-line* há muito tempo com pessoas que moram em outras cidades. E funciona. Tenho essa experiência já há algum tempo, mas a considero — pelo menos por enquanto — da ordem da excepcionalidade. Isso se dá porque as pessoas não estão na mesma cidade e não podem, muitas vezes, se deslocar de um lugar para o outro. Mas, no momento atual, nós analistas devemos manter nossos atendimentos e respeitar a quarentena, o isolamento, cada um dentro da sua casa, sem circular na rua. Isso é essencial a fim de diminuir a devastação da epidemia do novo coronavírus.

O psicanalista não pode deixar de encarar esse Real. Ele não deve circular e não deve atender fisicamente o psicanalisante, essa é a minha posição. Isso é uma questão ética não só da psicanálise, mas ética da humanidade, a qual está em jogo neste momento. A pandemia pode ser uma devastação mundial, com milhares de mortes e de sequelas. Não estou sendo catastrofista. Apenas não estou sendo negacionista. Não podemos negar esse encontro com o Real que se abateu sobre todos nós. É um mau encontro (*distiquia*) com esse Real que nos faz ficar em casa em nome da própria saúde, em nome da saúde coletiva e em nome dos outros. Trata-se de uma responsabilidade do analista diante da humanidade, diante dos seus pacientes. E essa responsabilidade é não somente de respeitar a quarentena e de não atender fisicamente seus analisantes, como também de não deixar a psicanálise cair, interromper-se, não deixar a psicanálise morrer. É nosso dever, como diria Lacan, fazer existir a psicanálise no mundo, e precisamos estar juntos do sujeito que sofre, do sujeito do inconsciente e de seus padecimentos do Real.

Considero que o psicanalista tem eticamente o dever de estar do lado do sujeito e do seu mal-estar, assim como do mal-estar na civilização. O psicanalista tem um dever ético não apenas junto aos seus analisantes, como também à civilização, à *pólis* e ao mal-estar na civilização. Cada um, dessa forma, vai agir como achar importante e necessário.

Estamos num momento em que dois princípios que norteiam a Escola de Psicanálise à qual eu pertenço, a Escola de Psicanálise dos Fóruns do Campo Lacaniano, podem nos reger: o princípio de iniciativa e o princípio de solidariedade.

O princípio de iniciativa é o que cada um pode fazer em relação ao bem público e quanto ao mal-estar na civilização. E o princípio de solidariedade é o que nos faz estar todos no mesmo barco do padecimento de que sofremos atualmente. A psicanálise é um sintoma do mal-estar na civilização desde que ela existe. Enquanto houver mal-estar na civilização, deve existir a psicanálise como uma forma de tratamento do mal-estar do sujeito e da civilização.

É importante sustentar o discurso do analista na *pólis*, dentre todos os discursos que circulam hoje, o discurso da ciência, da religião e o discurso do mestre. O discurso do mestre é pautado por esses absurdos líderes de governos, como Bolsonaro e Trump, negando o que está acontecendo. Bolsonaro diz que a pandemia é histeria e apenas uma gripezinha, Trump solta *fake news* atestando que a hidroxicloroquina resolverá o problema do coronavírus. Todos os cientistas estão afirmando, ontem mesmo foi bastante divulgado, que é uma falácia achar que a hidroxicloroquina vai resolver o problema do coronavírus.

O discurso da histeria que está por aí é de outra ordem. Há uma histeria de contágio sim, mas é a nível dos sintomas.

Sabemos que a histeria simula todas as doenças e que pode também simular os sintomas do coronavírus. A tosse se propaga facilmente. Até num teatro, quando alguém começa a tossir, pode contagiar a plateia. O analista pode também tratar disso: o sujeito histerizado somatizando seu mal-estar. Trata-se de acolher o sujeito do laço histérico, pois, como diz Freud, "aqueles cujos lábios calam se denunciam na pontas dos dedos e a denúncia lhes sai por todos os poros"[3].

Em termos de laços sociais, estamos vendo a falência do discurso capitalista e do neoliberalismo que o sustenta: todos estão vendo a necessidade de um Estado que tenha um bom sistema de saúde. A pandemia fez entrar em colapso esse sistema em vários países que apostam no serviço médico privado. Enfim, em relação à circulação dos discursos, é nossa responsabilidade fazer existir o discurso do analista como mais um discurso que circula na nossa *pólis*.

Vamos retomar agora os fundamentos éticos da psicanálise para podermos encarar o que está acontecendo e adaptar o nosso dispositivo — herdado de Freud, o dispositivo do divã e da poltrona — para o funcionamento *on-line*.

Nestas *lives* não pretendo dar preceitos técnicos, mas retomar os fundamentos da psicanálise para abordarmos a psicanálise *on-line*.

Tomemos dois eixos principais para pensar a psicanálise com nossos analisantes hoje. Num eixo temos que

---

[3] FREUD, S. (1905 [1901]) Fragmento da análise de um caso de histeria. In: FREUD, S. *Edição standard brasileira das obras psicológicas completas de Sigmund Freud. Um caso de histeria, três ensaios sobre sexualidade e outros trabalhos (1901-1905)*. Direção de tradução de Jayme Salomão. Rio de Janeiro: Imago, 1996, volume VII, p. 78-79.

sustentar o endereçamento da associação livre ao analista, e isso é perfeitamente possível de se fazer *on-line*. Os analisantes continuam sonhando, os seus sintomas são dirigidos ao analista, a sua associação livre é dirigida ao analista. É muito importante permanecermos com essa presença de sustentação do endereçamento. E o outro eixo implica o fato de que os encontros *on-line* com o analista devem proporcionar o encontro com o Real, representado pelo analista como semblante de objeto *a*. Não há análise sem *tiquê*, o encontro com o Real, definido por Lacan no seminário 11 a partir da dupla das causas acidentais de Aristóteles: *tiquê* e *autômaton*[4].

Devemos manter, no registro do Simbólico, o *autômaton* da associação livre, da insistência da cadeia significante que vai se desenrolando no endereçamento que o analista acolhe; e, no registro do Real, a *tiquê*, que é o encontro fortuito, como por acaso, a "sorte grande", que, por mais que seja programado (por ser estrutural), é sempre algo que ocorre com uma surpresa, um espanto que deve acontecer em cada sessão. O encontro *tíquico* é esse encontro que mostra que o analista está ali no seu lugar de objeto precioso, *agalmático*, como causa da transferência. Lembrando que Lacan toma emprestado esse termo grego de *O Banquete*, de Platão, na descrição de Sócrates por Alcibíades, o qual vislumbrou no âmago do mestre-filósofo, lá no fundo escondido, como numa caixinha de joias, algo como um objeto precioso que causa seu desejo

---

[4]LACAN, J. (1964) *O seminário, livro 11: os quatro conceitos fundamentais da psicanálise*. Tradução de M. D. Magno. Rio de Janeiro: Jorge Zahar Editor, 1988, p. 55-65, aula de 12 de fevereiro de 1964.

erótico e desejo de saber[5]. *Agalma* é a causa real da transferência. São esses dois eixos — *autômaton* e *tiquê* — que vão nos nortear em nossa interrogação dessa modalidade de dispositivo analítico.

Gostaria de comentar a dualidade que nós viemos utilizando: o presencial e o virtual. Referimo-nos ao presencial quando há o encontro de dois corpos físicos, o do analista e o do analisante, no espaço do consultório. E a análise virtual seria o encontro dos dois *on-line*.

Será que o analista não está, também, presente no encontro dito virtual, enquanto *on-line*? Será que a presença física do analista é condição *sine qua non* para o encontro analítico? As sessões de análise presencial são *lives*, ou seja, ao vivo. Mas as virtuais também o são. A partir desse questionamento, vamos tomar duas indicações, uma de Freud, outra de Lacan.

Freud dizia que não é possível nenhuma análise ser feita *in absentia* ou *in effigie*, famosa frase em que ele afirma não ser possível se fazer uma análise sem o analista estar presente; não é possível uma análise por carta, por exemplo. Freud tinha vários pacientes de Nova Iorque que queriam fazer análise por carta, mas ele dizia que isso era impossível, que eles teriam de ir a Viena, onde ele clinicava. Assim como era impossível *in effigie*, isto é, diante de uma fotografia de Freud a pessoa fazer análise. A questão da *live* em mídias digitais, por ser ao vivo, muda tudo: não é como um filme, em que não há a presença do corpo do outro. Se formos comparar com um tipo

---

[5]LACAN, J. (1960-1961) *O seminário, livro 8: a transferência*. Tradução de Dulce Duque Estrada. Rio de Janeiro: Jorge Zahar Editor, 1992, p. 174-190, aula de 1 de fevereiro de 1961.

de arte, uma sessão analítica é muito mais próxima do teatro que do cinema, porque ali há o encontro do analista com o analisante, como há o encontro do ator com o espectador.

Desenvolvo essa homologia no meu livro *O inconsciente teatral*[6]. A presença é uma das homologias entre os dois. O teatro tem muito a ensinar ao psicanalista. A homologia entre o espetáculo e a sessão analítica inclui o inconsciente, propriamente falando. No cinema, há apenas a tela e os corpos dos espectadores — a tela é a projeção do imaginário. No entanto, como obra de arte, o cinema tem efeitos no Real, nos afetos do espectador. Mas não há a presença do ator. Não há *tiquê* com o ator.

Se eu estender a minha mão agora, durante esta *live*, não vou tocar vocês como eu poderia tocar evidentemente o analisante se ele estivesse de corpo inteiro presente. Porém, o que está presente — e não dá para negar — é a minha voz e o meu olhar, que são corporais, que são emanações da pulsão e que fazem parte do corpo, e principalmente o seu elemento principal: o objeto *a*. Como operador da análise, o objeto *a* vai se presentificar pelo ato do analista, ou melhor, pelo desejo do analista em ato. O olhar e a voz presentificam o analista como semblante de objeto *a* na análise.

Esses dois objetos pulsionais não estariam em circulação também numa sessão *on-line*? A meu ver, sim. Daí fica uma questão para nós: como utilizar o dispositivo que temos de áudio, em relação ao objeto voz, e o vídeo, em relação ao objeto olhar? É evidente a utilização do áudio. E o vídeo, mantemos a câmera aberta durante a sessão? Devemos fazer as sessões de psicanálise *on-line* com o vídeo ligado?

---

[6]QUINET, A. *O inconsciente teatral*. Rio de Janeiro: Atos e Divãs Edições, 2019.

Com a câmera aberta, o analista está atento em sua atenção flutuante. Isso significa estar atento a outras coisas que não são da ordem do sentido, do "prestar atenção" ao que está sendo dito para ele ou àquilo que o analisante quer conscientemente fazer passar. Trata-se de poder ouvir outra coisa, poder ouvir a assonância das palavras, os significantes isolados de seus significados, as pausas, os trocadilhos, as hesitações, onde ele tropeça ou para onde ele está indo, o que ele associa. De repente, na associação livre, surge uma coisa que não tem a ver com a anterior e, de forma inesperada, o sujeito está em outra cena, completamente diversa daquela em que começou. A atenção flutuante é ouvir outra coisa além do sentido. Trata-se de ouvir o gozo que vai se expressando através da enunciação e do enunciado do paciente. Voltarei ainda a essa questão.

O objeto olhar e o objeto voz não são completamente separados, mas estão entrelaçados, como todos os objetos pulsionais. Pode haver um olhar que emana da fala e pode ter algo da voz (até a voz afônica, sem sonoridade) que emana de uma troca de olhares. Este fundamento é importante para nós pensarmos no *on-line*, por exemplo, se devemos apagar ou não o vídeo. Estes são alguns fundamentos que eu gostaria de deixar para vocês.

Não estou estabelecendo regras nem protocolos, mas matéria para reflexão. Em suma, abordo aqui os objetos pulsionais para pensarmos a presença *on-line* do analista. Tudo isso para dizer que não considero que na sessão *on-line* não haja a presença do analista. A presença do analista se dá pelo ato do analista, esse ato em que ele se coloca ali, no aqui e agora da sessão como semblante de objeto *a*, e estabelece esse laço único que é o discurso do analista. Isso implica afirmar que há algo do Real da sua presença nessa *live*, esse ao vivo da sessão.

Podemos pensar na psicanálise *on-line,* sim, como uma psicanálise presencial: porque implica a presença do analista — não uma presença física, mas de outra ordem. Nesse sentido, proponho não utilizar a dualidade entre *sessões virtuais* e *sessões presenciais,* pois há uma presença do analista na sessão *on-line.* Não há antinomia.

Glória Sadala me fez uma observação interessante: se, afinal de contas, o nosso *setting* é a transferência, por que não podemos usar a sessão *on-line* sob transferência? O s*etting,* o dispositivo divã-poltrona, é uma das condições da análise, como descrevo no meu livro *As 4 + 1 condições da análise*[7], mas isso não é absolutamente essencial. O essencial é a transferência. Sem transferência não há análise.

Temos que pensar a transferência em três aspectos: no Imaginário, no Simbólico e no Real. A transferência imaginária do analista apreendido como semelhante, uma pessoa, deve ser neutralizada na análise, para que ocorra a transferência a nível simbólico, ou seja, a transferência no campo da fala e da linguagem, que situa o analista como lugar do inconsciente, o lugar do Outro. É aí que se dá propriamente a análise. E o terceiro registro da transferência é relativo ao Real da presença do analista, do encontro tíquico.

Já me perguntaram se fazer análise com vídeo, o analista e o analisante se olhando, não seria repetir a situação

---

[7]QUINET, A. *As 4+1 condições da análise.* Rio de Janeiro: Jorge Zahar Editor, 1991.

poltrona-poltrona, o face a face com o analisante, e assim não utilizar o dispositivo do divã?

Temos várias maneiras de não deixar isso acontecer, ou seja, de não deixar preponderar a transferência *ego-ego*, colega-colega e o lugar do amigo, do "meu chapa", em que o analisante tenta colocar o analista. Se estiver no vídeo, você pode sair da tela e, ao mesmo tempo, saber que o analisante está falando e você está escutando. Ele sabe que seu olhar está presente, mesmo quando você não aparece na tela, e ele está te ouvindo. Você pode voltar ou pode, simplesmente, continuar fazendo cara de paisagem, pode não olhar para ele etc. Cada um vai descobrir o que fazer para neutralizar, de alguma forma, a transferência imaginária. E se preferir, você pode desligar a sua câmera a qualquer momento.

Apesar de eu usar muito o telefone como recurso, essa *live* me deu ocasião de pensar se não seria melhor estarmos sempre com as câmeras ligadas para usar esse recurso de fazer algo mais para aproximar a sessão virtual da sessão física, vou chamá-la assim. Trata-se de procurar maneiras que permitam ao analista manejar o dispositivo para colocar sua presença na cena analítica sem ficar no face a face.

Na minha experiência, muitos analisantes, sentados diante do celular ou do computador, acompanham suas falas vagando com o olhar, como se estivessem vendo as cenas que relatam ou mais atentos aos pensamentos expressos na fala do que olhando para o analista. Podemos evocar aqui a metáfora que Freud empregava para que o analisante aplicasse a regra da associação livre: "imagine que você está num trem, olhando uma paisagem passando, e você vai descrevendo a paisagem que você vê de sua janela". O analisante acompanha pela fala aquilo que vem ao seu pensamento, até que é surpreendido por alguma coisa que ele diz que não é da ordem da descrição do seu pensamento. Podemos ver aí a preponderância da fala sobre o pensamento. Na análise, o sujeito diz o que não pensa.

O que é importante em tudo isso é o ato do analista, a maneira como vai agir, *act*, e como vai usar para cada analisante as suas estratégias de semblante. Em termos de transferência simbólica, como já vimos, a associação livre não muda absolutamente quando passamos da análise física para a virtual. Ela mantém o endereçamento e a transferência com o analista. E o sujeito sonha, ato-falha, se equivoca etc.

A transferência simbólica implica o amor de transferência e a demanda de amor. Até que ponto o analista vai ceder à demanda de amor do analisante para se mostrar? Temos aí um caminho longo de investigação desse aspecto na análise *on-line*. Jogos de exibicionismo e voyeurismo vão começar a aparecer de outra forma nessa nova modalidade, colocando transferencialmente a pulsão escópica em circulação.

A transferência como amor que se dirige ao saber — uma definição muito linda de Lacan — e da qual não há como escapar é, como diz Freud, um motor e também uma resistência à análise. Cabe ao analista saber como lidar com isso, como não responder à demanda, a fim de fazer aparecer o desejo, fazer aparecer a interrogação do desejo: "O que o Outro quer de mim?". Daí a importância do analista manter aquilo que é essencial, que é o enigma, de deixar o enigma sempre presente para que o analisante seja o grande decifrador. Pois quem faz a análise mesmo é o analisante, o analista está ali para que ele o faça. O enigma está do lado do analista, que deve, portanto, enigmatizar aquilo que o analisante traz e fazê-lo interpretar.

A interpretação não deve ser do tipo "dedo na ferida", mas deve ser enigmática. Lacan nos indica que a interpretação deve estar entre o enigma e a citação[8]. Trata-se, na interpretação, de uma junção entre a citação e o enigma, ou seja, o analista cita o texto do analisante, na sessão, como um enigma. E assim o faz se perguntar: "Por que falei isso nesse momento?". E daí a intervenção do analista pode se constituir como ato, caso tenha efeitos. Só podemos dizer que foi um ato analítico se tiver efeito. Com isso, abordamos o terceiro aspecto da transferência, que é esse Real da transferência, em que está em jogo o objeto precioso, o *agalma*, causa da transferência — algo desse real que implica a *tiquê*. Não vejo por que isso não estaria presente nas sessões *on-line*. O ato analítico implica o encontro com o Real, e isso remete diretamente à estrutura da presença do analista como presentificação do objeto *a* — objeto causa do desejo, do mais-de-gozar e motor da análise. O analista, nesse lugar, é também a causa da transferência.

O objeto *a* tem uma estrutura de corte. Eis porque o corte da sessão, assim como o corte na cadeia significante da fala analisante, corresponde à emergência do objeto *a*. No meu livro *As 4 + 1 condições da análise*, eu retomo a questão do corte da sessão, associando-a à própria estrutura do objeto *a*, porque o corte da cadeia significante — que representa, por exemplo, a suspensão da sessão a partir da trama do discurso do analisante — é equivalente à presença do analista como semblante de objeto *a*.

---

[8]LACAN, J. (1969-1970) *O seminário, livro 17: o avesso da psicanálise*. Tradução de Ari Roitman. Rio de Janeiro: Jorge Zahar Editor, 1992, p. 27-36, aula de 17 de dezembro de 1969.

"Cuidado para não pensar que uma pausa na conexão da internet é um corte do analista", lembrou-me um aluno meu. É interessante como as intercorrências que acontecem numa sessão de análise são tomadas na transferência e como o analisante as interpreta. Uma coisa fortuita que o analista faz, sem nenhuma intencionalidade de interpretação, vira uma interpretação para o analisante, e isso faz parte do próprio processo analítico. As intercorrências que podem interromper a sessão, como, por exemplo, um filho invadir a sessão, não têm o menor problema. São coisas que podem acontecer no consultório também. Eu me lembro de um dia em que minha filha, ainda pequenininha, com uns quatro anos de idade, irrompe no consultório para me dar uma bronca. Eu estava atendendo em minha casa um analisante obsessivo e, de repente, ela abriu a porta para falar comigo. Eu lhe disse que não poderia falar naquele momento, porque estava atendendo. Gentilmente, coloquei-a para fora do consultório, fechei a porta e continuamos a sessão. O paciente continuou falando como se nada tivesse acontecido, negação total daquele Real que de repente invadiu a cena analítica. Tempos mais tarde, ele teve um sonho em que essa cena entrou na análise como um sonho de transferência. Eu acho que não há nenhum problema, caso isso venha a acontecer. É importante agir, acolher o acaso e usá-lo a favor da análise. Não podemos pensar que o acaso não existe; não controlamos o Real que está aí nos fazendo tropeçar a todo o momento.

Dito isso, esses três planos da transferência, vamos retomar aquilo que é o nosso dia a dia. Como é que o inconsciente se manifesta na análise? Primeiramente, ele se manifesta pela associação livre, o deslizar da cadeia significante que se endereça ao analista no lugar do Outro, essa cadeia que começa a se desenrolar quando o sujeito está saindo da sua casa para ir à sessão. A análise já começa aí, a análise é *full time*; tempo integral sem dedicação exclusiva. Você começa pensando uma coisa no trabalho e logo associa outra, chega em casa lembra de outra, de noite sonha, ao acordar associa outra coisa e assim vai. Então, você pensa em falar aquilo para o analista e continua endereçando suas associações ao analista. O encontro com o analista é fundamental para mostrar que o analista está ali para dizer: "Ok, registro, vamos continuar". E virão ondas de associações, a interpretação também serve para isto, para provocar mais associações. Portanto, uma das maneiras de o inconsciente se manifestar é a associação livre, que é a única regra da psicanálise, que acontece tanto na análise com a presença física quanto com a presença virtual do analista. Tudo o mais são condições. Estas são as condições que temos de retomar no presente momento, no qual estamos impossibilitados de sair de casa.

    O inconsciente se manifesta pela associação livre, associação de cenas, as cenas se transformam em cadeias significantes. Eu trabalho isso no meu livro *O inconsciente teatral*: o que, na verdade, associamos são cenas, as quais remetem às cenas da fantasia, às cenas traumáticas e até mesmo à cena primitiva. O conceito de cena é muito presente na obra de Freud. No entrecruzamento das cadeias significantes, um determinado significante leva a uma cena, que leva a outra cena e vão se desenrolando as cenas, como os atos de uma peça teatral que o sujeito vai relatando. Lacan levou muito em consideração, evidentemente, a associação das cadeias significantes, mas na clínica escutamos os relatos das cenas que o sujeito imaginariza. Da mesma forma, o sonho é uma sucessão de cenas que o sujeito na análise passa para a fala. O relato do sonho é uma outra forma de o inconsciente se manifestar: nela, o sujeito faz o processo de simbolização do Imaginário, pois o sonho é um fenômeno da ordem do Imaginário. O sujeito simboliza esse Imaginário na fala sob transferência.

Outra forma de manifestação do inconsciente que não deixa de ocorrer nas sessões virtuais são os tropeços da fala, as hesitações, as pausas, as palavras trocadas, os lapsos, tudo o que é da ordem da *lalíngua* — essa soma dos equívocos e dos trocadilhos que faz com que a linguagem do sujeito, na associação livre, possa ser poética. Pois a associação dita livre se dá também pelo encadeamento de significantes a partir do som dos significantes de *lalíngua* e do gozo que ela produz com a musicalidade da fala. Eis o que o analista em sua "atenção flutuante", como a designou Freud, escuta para além do sentido. Eis outra forma de manifestação do inconsciente: o *inconsciente-lalíngua*, o inconsciente brincalhão, o inconsciente artista, poeta, musical.

A enunciação é outra forma de manifestação do inconsciente, para além da associação dos significantes e dos tropeços de *lalíngua*, também presentes na análise *on-line*. E é a enunciação que Lacan toma emprestado do binômio linguístico enunciado-enunciação. O desejo inconsciente passa mais pela enunciação do que propriamente pelo significado. A enunciação é a forma como nós dizemos um texto, que é propriamente o enunciado quando ele passa para a fala, ou seja, quando é dito. O conteúdo do que é dito é o enunciado, a maneira como é dito é a enunciação. Isso é algo que se trabalha muito no teatro. Há milhares de formas de se dizer um texto. Uma frase pode ser dita de muitas maneiras e, dependendo da maneira como se fala, ou seja, de sua enunciação, que é por onde passa o desejo, é que a significação advirá. Podemos dizer "eu te amo" de uma forma extremamente raivosa, como se disséssemos "eu te odeio". Podemos dizer "eu te amo" como se estivéssemos com pena, não necessariamente amor, e por aí vai a questão da enunciação. No final das contas, é a enunciação que fornece a significação.

A enunciação é aquilo ao qual o analista tem que estar atento na sua atenção flutuante, ou seja, o analista deve poder ouvir além dos enunciados. É por isso que falo, de brincadeira, nas minhas aulas, que o analista não tem que prestar atenção, porque quem presta atenção fica querendo entender o que o outro está falando, o significado; o analista tem que ir para além daquilo e tentar ouvir outra coisa, principalmente, a enunciação, que aponta para a significação do desejo em pauta. A enunciação é a maneira pela qual o sujeito está falando, o que implica o tom, o volume, o andamento. Se tomarmos emprestado o vocabulário musical, trata-se da *melopeia*, termo grego que significa a musicalidade, a entonação da palavra falada, presente em *lalíngua*. Isso surge na "lalação" da criança antes mesmo de aprender a falar com um vocabulário e uma articulação gramatical.

Outra forma de manifestação do inconsciente é a enunciação corporal. Há uma forma de o sujeito falar e uma forma de reagir com o seu corpo, pois, ao falar, a enunciação da fala é uma e a maneira como o corpo reage é outra. O sujeito pode estar com uma fala neutra, aparentemente sem enunciação nenhuma, apenas recitação, e apresentar uma enunciação gestual, uma enunciação corporal, a qual contribui para dar, propriamente, a significação daquilo que ele está falando. Por exemplo: o sujeito pode dizer "Eu amo a minha mulher" enquanto bate na parede do consultório, como se a estivesse esmurrando.

Temos, portanto, a enunciação verbal e a enunciação corporal, esta última sendo muito importante também. Eu trabalho isso no meu livro *O inconsciente teatral*. A performance do sujeito não está apenas na fala. Devemos levar em consideração que Lacan, depois do seminário 20, passou a se referir não mais ao sujeito do inconsciente e sim ao "corpo falante"[9]. Trata-se do corpo que é, propriamente, performático: ele fala pela palavra, mas tem algo que ele performa com seu corpo, a meu ver, a expressão, e que possui uma enunciação própria. Uma enunciação que eu chamo, às vezes, de gestual, mas enunciação corporal é uma expressão melhor. Há peças teatrais que são atos sem palavras, como as do Beckett; elas são atos performáticos, isto é, estão dentro da linguagem, não são da ordem da fala, mas da ordem da linguagem. Eles são muito importantes como manifestação do inconsciente, porque o inconsciente não é exclusivo da ordem da fala, está no corpo e em sua performance.

Gostaria, para terminar, de fazer uma referência à minha peça *Hilda e Freud*, na qual fiz o papel de Freud. Ali ficou muito clara para mim a questão da enunciação corporal. Eu precisei sair do contexto da análise e ir para o teatro para me dar conta da enunciação corporal, sobre a qual falamos pouco. Temos que desenvolver mais aquilo que Lacan fala na última parte

---

[9] LACAN, J. (1972-1973) *O seminário, livro 20: mais, ainda*. Tradução M. D. Magno. Rio de Janeiro: Jorge Zahar Editor, 1985, p. 178, aula de 15 de maio 1973.

de seu ensino sobre o sujeito como corpo falante. A enunciação gestual está dentro da linguagem, mas não está na fala. Está presente no corpo do ator, da atriz e do analisante. É evidente que Freud já tinha percebido isso na histeria. Na crise histérica, o corpo está fazendo uma encenação que é uma manifestação do inconsciente. Não precisamos chegar num ataque histérico para saber que, na verdade, nosso corpo tem sua enunciação própria, por onde se expressa o desejo inconsciente.

Isso me levou a reconsiderar a questão das análises *on-line*. Concluí que é importante o analisante permanecer com a câmera aberta para que essa enunciação corporal esteja presente numa sessão ao vivo. Eu tenho como exemplo o caso em que a analisante falava alguma coisa em relação aos seus pais e disse: "Minha mãe perguntou se eu queria ir para a casa dela". A analisante, com expressão facial de enfado, disse que aceitou ir. A sua expressão facial revelou muito mais do que apenas sua fala. Então, talvez possamos pensar que, na atenção flutuante, o analista não deve perder a enunciação da fala, certamente, mas tampouco a enunciação corporal.

Para terminar, eu acho muito importante introduzirmos na análise *on-line* a questão do pagamento através de transferência bancária e envio do comprovante de depósito para o analista logo após a sessão. A meu ver, isso corresponde ao gesto de pagamento que ocorre na análise com a presença física do analista.

NECROPOLÍTICA
e psicanálise

Tatiana Teixeira de Siqueira
Bilemjian Ribeiro[1]

As questões atuais, as transformações do mundo, não são indiferentes ao psicanalista, pois este, segundo Lacan, não deve ficar alheio às mazelas de seu tempo. Ao contrário, a psicanálise tem um papel importante na compreensão dos problemas de nossa época. A grande questão que me surge, que me indaga já tem um tempo, mesmo antes de sermos surpreendidos pela pandemia do coronavírus, é constatar que o Brasil foi invadido por desrespeito, discursos de ódio e manifestações preconceituosas que tomaram conta das falas ou postagens públicas, especialmente na internet. E, para que possamos discutir a política de morte praticada no Brasil, é preciso que voltemos um pouco no tempo.

A última campanha presidencial brasileira foi marcada pela participação ativa da internet. As redes sociais tiveram

---
[1] Psicanalista, membra da Escola de Psicanálise dos Fóruns do Campo Lacaniano, do Fórum do Campo Lacaniano do Mato Grosso do Sul e do Ágora Instituto Lacaniano. Mestra e doutoranda em Psicologia.

um papel importante no contexto político. Elas proporcionaram reconhecimento e união de grupos em torno de um ideal comum. Unidos pelo mesmo preconceito, pelo mesmo ideal. Ideal como o de uma supremacia branca, ideal como o de discursos nacionalistas, que abominam estrangeiros. Sem que a gente se desse conta de como e quando, a fala da violência foi banalizada, e o direito à vida das populações vulneráveis, que já não era protegido, agora é ameaçado de forma explícita na internet.

A sensação é de que os discursos de violência, segregação e preconceito que explodiram no período eleitoral de 2018 e que ainda ocorrem hoje são aceitos e aparentemente legitimados. Injúrias raciais, misoginia e homofobia tornam-se lugar comum nesses discursos sociais. Assim, a partir da realidade que segrega, é relevante que se discuta o preconceito. Vivemos um paradoxo: se, por um lado, busca-se garantia de direitos, por outro, pode dizer-se racista, sem qualquer pudor ou constrangimento. Atualmente, ouvir alguém dizer que prefere ter "um filho morto a um filho homossexual" não causa espanto a ninguém. Se "bandido bom é bandido morto", perguntamo-nos quem é o bandido? Políticas de extermínio e morte tomam lugar e são vangloriadas, um discurso de violência é exaltado, e o Brasil, em sua maioria, assiste a essas violências e desrespeitos inerte.

Freud, desde a criação da psicanálise, privilegiou a fala, propondo ao paciente, através da associação livre, que colocasse algo do seu inconsciente em palavras, levando o sujeito a subjetivar e evitar o gozo puro do ato. Poderíamos pensar que, quando algum impulso agressivo ou violento é satisfeito simbolicamente, por meio de palavras, falas ou ditos, e não de maneira concreta, por ações ou agressões físicas, seria uma forma mais elaborada e menos primitiva de satisfação? Colocar em palavras, simbolizar, evitaria o ato? Passagem ao ato, para a psicanálise, ocorre quando uma ação impulsiva surge como substituta de um conteúdo inconsciente que não conseguiu ser verbalizado. Enquanto não verbalizado, não há elaboração, o que favorece que mais passagens ao ato aconteçam. Não haveria atuação no discurso?

Entendemos que há atuação nesse discurso também. Assim, a partir dessa dimensão pública, o discurso preconceituoso passa a ter um status de passagem ao ato ou atuação. A cultura do espetáculo nas redes sociais faz com que o argumento de que esses atos de violência seriam apenas um direito de livre manifestação ou apenas uma ofensa individual torne-se uma falácia, passando tais atos violentos a se constituírem em uma dimensão coletiva, afetando um número incontável de pessoas. Em outras palavras, ao ofender um negro, uma mulher ou um homossexual na internet, essa injúria atinge de certa forma todos os negros, mulheres ou homossexuais. O que estamos querendo evidenciar é que, quando uma fala preconceituosa ganha a dimensão mundial, ela é mais do que "apenas" palavras, ela ganha a dimensão de ato. Passa a ser um ato violento e discriminatório.

Voltemos à sequência dos fatos: um ano após a eleição presidencial — quando fomos tomados por práticas e discursos preconceituosos e violentos — manifestações preconceituosas passam a ser banalizadas. E recentemente eis que surge o Real, e tais atos ganham mais peso. Real, em psicanálise, designa o impensável, o impossível de ser previsto, o que nos arrebata e surpreende. O mundo se viu às voltas com uma pandemia, uma ameaça à vida de milhares de pessoas. Um vírus denominado "coronavírus", ou a doença covid-19 (*Corona Virus Disease*, em inglês), impõe o isolamento social como única defesa, no momento, no combate à disseminação e contágio dessa doença que pode ser letal. A Organização Mundial da Saúde determina que as pessoas fiquem em casa, que evitem sair e principalmente que evitem situações de aglomeração.

E o que acontece no Brasil? Autoridades políticas, como o Presidente da República, descumprem as recomendações médicas, provocam e causam aglomerações, defendem a saída das pessoas de casa, principalmente as mais pobres, que precisam trabalhar para sobreviver; há um descrédito das recomendações médicas, e a pandemia mundial, por essas bandas, é chamada de histeria. Sob o argumento "O Brasil não pode parar", há incentivo ou autorização para que as pessoas saiam de casa. E de tal realidade extraímos mais uma questão: qual Brasil que não pode parar? Quem foi "autorizado" ou "empurrado" para fora de sua casa? Qual parcela da população precisa sair de casa por uma total ausência de condições mínimas de sobrevivência? Chamando a pandemia de "histeria", pratica-se política de morte, expondo a parcela mais pobre e vulnerável da população à contaminação do vírus letal.

> "Fantasia — zero mortes
> Histeria — uma morte
> Gripezinha — 11 mortes
> Medinho — 202 mortes
> Está indo embora — 1203 mortes
> Não sou coveiro — 2588 mortes
> E daí? — 5083 mortes"

denuncia uma postagem recente da internet na qual relaciona-se as mortes ocorridas no Brasil com as falas do presidente da República. A cada barbaridade falada, aumentou o número de mortos, ou, de outro modo, a cada morte confirmada, uma infâmia, um desrespeito foi dito.

Como podemos entender esse discurso?

Se, como dissemos anteriormente, a fala, ou discurso preconceituoso, quando emitida por uma pessoa comum de forma pública na internet, tem peso de ato ou atuação, o que pensar sobre essas palavras proferidas pela maior [figura?] pública do país?

Para Achille Mbembe[2], filósofo camaronês, o Ocidente deve pensar no racismo não como uma categoria ou um evento, um acontecimento social, ao contrário: o racismo deve ser pensado *a priori*, como elemento fundador de tais sociedades. Nesse sentido, não há como questionar se determinado país é ou não racista por suas práticas ou ações, e sim pensar no elemento segregador constituinte, que, por consequência, gera práticas e ações que são por essência racistas. Mbembe, em sua obra *Necropolítica*[3], discute como uma política de morte se apoia em um modo de organização social na qual a soberania permitiria definir que alguns têm mais importância e outros são destituídos de qualquer valor.

---

[2]MBEMBE, A. "As sociedades contemporâneas sonham com o apartheid". Entrevista concedida a Séverine Kodjo-Grandvaux. Suplemento Mutamba, do *Novo Jornal*. Luanda, 17 de janeiro de 2014, p. 5-7. Disponível em https://filosofia-africana.weebly.com/uploads/1/3/2/1/13213792/achille_mbembe_-_as_sociedades_contempor%C3%A2neas_sonham_com_o_apartheid__entrevista_.pdf. Acessado em 21 de agosto de 2020, às 10h36.
[3]MBEMBE, J. A. (2006) *Necropolítica: seguido de "Sobre el gobierno privado indirecto"*. Tradução de E. F. Archambault. Espanha: Melusina, 2014, p. 9-75.

Isso permitirá a conformação de vidas passíveis de extermínio, porque são consideradas menos qualificadas, substituíveis e ao mesmo tempo inimigas. Um racismo, assim, tomará forma numa política de morte, portanto, uma necropolítica, em que a violência contra alguns, além de ser possível, é estimulada. O racismo, inventado pelos processos de colonização do passado e de colonialidade do presente, divide o mundo em dois, justificando o extermínio de uns pelos outros.

Para Mbembe, o racismo é o elemento fundante das sociedades ocidentais, constituídas a partir de relações privilegiadas de alguns considerados iguais, enquanto tantos outros são considerados diferentes, estranhos e segregados. Para a psicanálise, o racismo é elemento fundante do ser humano. Como apregoado por Lacan em "Televisão"[4], não há um ato humano que não esteja revestido pelo racismo, entendendo, assim como Mbembe, o racismo como algo fundante do sujeito. Dessa forma, a psicanálise entende o eu em sua identidade, marca a diferença e o idêntico, conforme Colette Soler: "quem diz a identidade convoca, ao mesmo tempo, a diferença e o idêntico"[5]. A diferença e o idêntico são convocados em todo discurso social.

É bem provável que a maioria dos brasileiros nunca tenha ouvido falar de Achille Mbembe, não conheça seus conceitos, como "devir-negro" ou "necropolítica", mas, infelizmente, o Brasil tem amostras claras de como se pratica uma política de morte.

---

[4]LACAN, J. (1973) Televisão. In: LACAN, J. *Outros escritos*. Tradução de Vera Ribeiro. Rio de Janeiro: Jorge Zahar Editor, 2003.
[5]SOLER, C. *O que faz laço?* Tradução de Elisabeth Saporiti; revisão da tradução Cícero Alberto de Andrade Oliveira. São Paulo: Escuta, 2016, p. 15.

A **CIDADE** e a **PESTE**

Marcelo Bueno[1]

Os limites do que é cidade são linguagem. Há os que demarcam um fora, no qual a vida do homem é o seu passado como animal na natureza, e um dentro, onde existe solidariedade, relativa proteção contra o mundo natural e o laço entre os homens é regulado por uma ordem simbólica. Assim, a vida na cidade é possível como *bios*, construída pela palavra, diversa de *zoe*, dom da natureza comum a todos os seres vivos.

Tão eloquente como nenhuma outra obra artística sobre a peste, a pintura *O triunfo da morte*[2] (c. 1562), de Pieter Bruegel, o Velho, retrata-a como um Outro devastador vindo de fora. Quase que exclusivamente, a peste não é imaginada na cultura como um acontecimento intramuros, originário da cidade — aliás, quando a cidade é matriz da peste, trata-se da "outra" cidade. Desse modo, a peste sempre chega ou é enviada: ratos trazem-na do Oriente ou deuses infligem-na

---

[1] Psicanalista, membro do Fórum do Campo Lacaniano do Mato Grosso do Sul e do Ágora Instituto Lacaniano.
[2] BRUEGEL, O VELHO, P. *O triunfo da morte* (c. 1562). Óleo sobre madeira, 117 x 162 cm. Madrid, Museo del Prado.

como castigo à falta, à *hybris*, de um homem ou de uma comunidade. No caso de Édipo e Tebas, é a punição a um retrocesso da cultura para a natureza.

O real da peste destrói os corpos individualmente e afeta o corpo comunitário, comprometendo-o em sua estruturação pela palavra. A igualdade característica entre os cidadãos da *pólis* é subvertida pela doença. O homem tocado pela peste torna-se seu agente, e é necessário, em alguma medida, afastá-lo do convívio dos demais. Além disso, o estigma da impureza torna-o também o Outro. Portador de uma potência destrutiva que ameaça a coletividade, ele encarna, então, uma diferença infamiliar.

Com o convívio social impossível em presença efetiva e plena, o ter lugar da palavra do cidadão é abalado. A peste desorganiza o espaço do simbólico na *pólis*, esvazia o *topos* da ágora. Se o seu movimento é tomado de fora para dentro da cidade, esta desaparece no sentido oposto. Diante do risco de contágio, a segurança encontra-se, por opção ou imposição, no isolamento do lar ou no seu abandono. E é a circulação da palavra presentificando o enunciador que determina se o seu isolamento o situa dentro ou fora da cidade.

Destituir a palavra é destituir a cultura. Sem palavra não há comunidade, e o homem é impelido à *zoe*. Em *É isto um homem?*[3], relato em que Primo Levi descreve os horrores que vivenciou em Auschwitz, a palavra precariamente dirigida é o resto de humanidade que o salva. A um companheiro francês de *Kommando,* ensina italiano mediante a recitação de uma

---

[3]LEVI, P. *É isto um homem?* Tradução de Luigi Del Re. Rio de Janeiro: Rocco, 1988.

memória fragmentária do Canto XXVI do "Inferno"[4] de Dante, o canto de Ulisses. Há nisso um espelhamento da própria condição dos condenados às penas dantescas, pois, mesmo desprovidos de toda esperança, ainda são humanizados pelo uso da palavra.

É também pela via do simbólico que os dez narradores do *Decameron*[5], de Boccaccio, reconstroem no campo a Florença medieval de onde foram expulsos pela peste negra de 1348, fazendo borda ao Real e elaborando o que foi perdido. Em seu exílio, reinstauram a lei e a ordem e, por conseguinte, a comunidade, a partir de uma organização narrativa em dez jornadas, cada uma com dez histórias e presidida por um rei diferente escolhido dentre eles. Entretanto, o Simbólico por si só não basta para devolver a cultura, há que sustentá-lo a solidariedade.

Sobre a solidariedade assenta-se a cidade em sua relação mais profunda. O interesse mútuo justifica a comunidade e a lei. O laço social que a solidariedade cria supera, embora jamais definitivamente, a pulsão agressiva inerente ao homem, que obriga a cultura a grandes dispêndios e configura-se como a permanente ameaça de sua desintegração, como ressalta Freud[6], mais do que qualquer peste.

O fármaco para a peste, portanto, é coletivo, compreendendo a raiz da cidade e demandando o Simbólico. É produto

---

[4]DANTE. *A divina comédia*. Tradução, comentários e notas de Italo Eugenio Mauro; prefácio de Otto Maria Carpeaux. São Paulo: Editora 34, 2014, p. 192-198.
[5]BOCCACCIO, G. *Decameron*. Tradução de Ivone C. Benedetti. Porto Alegre: L&PM, 2013.
[6]FREUD, S. (1930) O mal-estar na cultura. In: FREUD, S. *O mal-estar na cultura e outros*. Tradução de Maria Rita Salzano Moraes. Belo Horizonte: Autêntica, 2020, volume IX.

de uma escolha não diante da peste, mas diante de outro homem. Aqui, igualmente aplica-se o axioma que Moustapha Safouan[7] tomou da boca de Lacan para responder como é possível uma sociedade humana: entre dois sujeitos só há a palavra ou a morte.

No constante rompimento e estabelecimento dos laços da cultura ao longo da história, o encontro trágico desta com o Real, que implica nosso desnudamento narcísico, ao menos tem como efeito recorrente o fortalecimento desses laços. Contudo, infelizmente, ainda necessitamos de tragédias para a constatação de que somos frágeis e para a intensificação de nossa solidariedade, na qual, em tempos de peste, a fim de que a cidade sobreviva e novamente ocupe-se a ágora, não cabe a palavra dos que negam o Real.

BRUEGEL, O VELHO, P. *O triunfo da morte* (c. 1562). Óleo sobre madeira, 117 x 162 cm. Madrid, Museo del Prado.

---

[7]SAFOUAN, M. *A palavra ou a morte: como é possível uma sociedade humana?* Tradução de Regina Steffen. Campinas: Papirus, 1993.

A **NEGAÇÃO** da pandemia e o **MAL-ESTAR** na civilização

Hilza Maria de Aquino Nunes Ferri[1]

A posição ética de um psicanalista é subversiva, pois investe na divisão do sujeito e aponta para um furo em suas verdades. Essa posição está relacionada à sua prática e ao seu dizer. A psicanálise não é revolucionária, porque não busca substituir um sistema por outro, mas está no submundo, no resto. O analista, como um sujeito inserido em um dado momento histórico/político, não pode recuar no seu dizer como analista cidadão. Para participar efetivamente da *pólis*, deve promover as diferentes formas de discurso e apontar o furo do discurso totalitário e alienante, saindo de seu princípio de

---

[1]Psicanalista, membro do Fórum do Campo Lacaniano do Mato Grosso do Sul e do Ágora Instituto Lacaniano. Graduada em psicologia e em direito, especialista em psicanálise e psicopatologia.

neutralidade, seu dizer silencioso, da análise em intensão para a análise em extensão, em um trabalho para além das paredes do seu consultório. Haverá sempre uma tensão entre o indivíduo e a cultura, sendo o analista aquele que vai articular o universal à singularidade de cada sujeito.

A palavra, para a psicanálise, tem um valor ético, é com a palavra que trabalhamos. Em uma análise, o sujeito fala de sua história para parar de repetir, fala para esvaziar, fala para reduzir a palavra vazia e se responsabilizar pelo seu inconsciente, seja por algo que provocou ou pela ocorrência de uma contingência, do Real que invade sem aviso prévio, como esse vírus invisível. E uma sociedade também tem que saber de sua história, e é pela palavra que isso se dá. Em Berlim, é proibido dizer que não houve holocausto, e essa vedação ocorre para dizer que não se pode negar a herança cultural de sua própria história, do coletivo, da política. É uma questão de responsabilidade ética. A política também se faz na omissão e no esquecimento de sua história, como dizia o cantor e compositor Cazuza: "Eu vejo o futuro repetir o passado/ eu vejo um museu de grandes novidades"[2].

Na formação das civilizações, sempre estará presente o mal-estar, que produz agressividade e contribui para o surgimento dos fenômenos de ódio, os quais, por sua vez, produzem uma quebra com o pacto simbólico. A mesma lei que nos funda também nos barra, nos divide e provoca uma deformação da realidade. Em "O mal-estar na civilização", Freud coloca:

---

[2] BRANDÃO, A., CAZUZA. O tempo não para. Intérprete: Cazuza. In: *O tempo não para*. Rio de Janeiro: PolyGram e Universal Music, 1988, CD.

A civilização é constituída sobre a renúncia instintual, o quanto ela pressupõe justamente a não satisfação de instintos poderosos. Essa "frustração cultural" domina o largo âmbito dos vínculos sociais entre os homens; já sabemos que é a causa da hostilidade que todas as culturas têm que combater; não é fácil compreender como se torna possível privar um instinto de satisfação. É algo que tem seu perigo.[3]

A sociedade surge por um movimento de cooperação, com a finalidade de sobrevivência de seus membros. Mas, para que isso aconteça, é necessária a criação de uma lei que assegure um limite e que impeça o abuso do mais forte sobre o mais frágil. Como foi dito por Freud em "O mal-estar na civilização", estar em sociedade é abrir mão de fortes instintos e, para conter a agressividade desse efeito rebote, todos devem estar sujeitos à lei, havendo alguma equidade entre as partes.

Em "Psicologia das massas e análise do Eu", Freud se utiliza de Le Bon para descrever a massa como "um rebanho dócil, que não pode jamais viver sem um senhor"[4]. Na massa, há o predomínio da fantasia, da ilusão, não há lógica nos argumentos e sempre se repete a mesma coisa, há uma certeza indiscutível, e o indivíduo se dissolve na massa. Nessa hora, nem a autopreservação se faz valer, e desaparece por completo o sentimento de responsabilidade que retém os indivíduos.

---
[3]FREUD, S. (1930) O mal-estar na civilização. In: FREUD, S. *O mal-estar na civilização, novas conferências introdutórias e outros textos (1930-1936)*. Tradução de Paulo César de Souza. São Paulo: Companhia das Letras, 2010, volume 18, p. 60.
[4]FREUD, S. (1921) Psicologia das massas e análise do Eu. In: FREUD, S. *Psicologia das massas e análise do Eu e outros textos (1920-1923)*. Tradução de Paulo César de Souza. São Paulo: Companhia das Letras, 2011, volume 15, p. 30.

Freud vai mais além ao dizer que, "na vida psíquica do ser individual, o Outro é via de regra considerado enquanto modelo, objeto, auxiliador e adversário, e, portanto, a psicologia individual é também, desde o início, psicologia social"[5]. Lacan reafirma essa premissa ao dizer que o "inconsciente é o discurso do Outro"[6].

O discurso totalitário surge por um consentimento dos indivíduos que compõem a massa e que lhe dá uma autorização social. O líder surge pelos processos de identificações individuais, e este passa a ser quem personifica o ideal da massa, o ideal dos indivíduos que a forma, nada mais alienante. Diante de um Outro maciço e consistente, a palavra perde o valor, e os sujeitos, um a um, responsáveis por suas escolhas, tornam-se uma massa. Quem está fora desse discurso é desumanizado.

Lacan escreve: "Se existe algo que está no fundamento de toda a experiência analítica e também na vida quotidiana é certamente o fato de que temos uma enorme dificuldade de apreender aquilo que há de mais real em torno de nós, isto é, os seres humanos tais como são"[7]. O homem da cultura é um sujeito dividido e atravessado pela linguagem; para que não se torne um puro objeto do outro, precisa que a sociedade da qual faz parte o legitime, o proteja, sendo essa reivindicação uma forma de contenção da agressividade, um reequilíbrio na

---

[5] *Ibid.*, p. 14.
[6] LACAN, J. (1957) A instância da letra no inconsciente ou a razão desde Freud. In: LACAN, J. *Escritos*. Tradução de Vera Ribeiro. Rio de Janeiro: Zahar, 1998, p. 529.
[7] LACAN, J. (1956-1957) *O seminário, livro 4: a relação de objeto*. Tradução de Dulce Duque Estrada. Rio de Janeiro: Jorge Zahar, 1995, p. 226, aula de 13 de março de 1957.

sua economia psíquica. Sem isso, as relações ficam sujeitas à arbitrariedade do mais forte e à barbárie.

Em *Cem Anos de Solidão*, Gabriel García Márquez escreve:

> O exército tinha sido encarregado de restabelecer a ordem pública, há um anúncio de morte, um presságio. Eram maciços e embora demorassem mais de uma hora para passar, davam a impressão de ser uns poucos pelotões andando em círculos, porque todos eram idênticos e todos suportavam com igual imbecilidade o peso das mochilas e dos cantis, e a vergonha dos fuzis com as baionetas caladas, e a ferida da obediência cega. Eram mais de 3 mil, trabalhadores, mulheres, crianças... estavam encurralados. O que se ouviu depois — não houve mortos — e a versão oficial, mil vezes repetida, terminou por se impor: não houve mortos. "Claro que foi um sonho", não aconteceu nada, nem está acontecendo, nem acontecerá nunca. "É um povoado feliz." Apesar das testemunhas do massacre, prevaleceu a versão oficial de que nada havia acontecido e passou a ser assim, como se nada tivesse acontecido.[8]

A história se repete, os noticiários mostram corpos expostos em valas, sem direito a um velório ou mesmo a um enterro; assistimos no Equador aos urubus tomarem conta das cidades em volta dos corpos jogados, nos EUA se constroem mais buracos para enterrar seus mortos, o mundo todo sofre o efeito desse vírus invisível. No Brasil, mesmo diante de todos esses fatos, prevalece a negação da pandemia, a negação do Real,

---

[8]MÁRQUEZ, G. G. *Cem Anos de Solidão*. Tradução de Eliane Zagury. Rio de Janeiro: O Globo, 2003, p. 277, 278, 280 e 282.

mas não adianta destruir o mensageiro, seja ele a imprensa, as instituições internacionais ou o inconsciente, o Real continuará lá, nos fitando. Como Antígona, protagonista da tragédia grega de Sófocles, que luta pelo direito de enterrar seu irmão, esses corpos jogados são negados, é a morte da morte, uma segunda morte.

O Brasil do "Ame-o ou deixe-o" é o mesmo Brasil que "não pode parar", mesmo que para isso em nenhum dos casos se pôde ou se poderá velar ou enterrar seus mortos. Nessa ordem social perversa de modelo neoliberal fascista, as vidas perdem o valor, passando os corpos a serem descartáveis, os inumeráveis, sem identidade em vida e sem uma inscrição em morte, sem uma lápide. Vozes caladas, sem o direito à sua história. Tornamo-nos novamente um Brasil sem passado, os mortos de hoje são os "desaparecidos" de ontem. E voltamos, de forma circular, a nos repetir continuamente, tropeçando nos mesmos erros.

Assim como um sujeito em sua análise vai falar de sua "história" e, em muitos casos, reconstruí-la, ressignificá-la, costurando seus enredos, enganos, mentiras, verdades, de um modo que se tornem sujeitos de suas escolhas e, portanto, responsáveis pelo seu inconsciente, da mesma forma, uma sociedade precisa resgatar a memória de seu povo, suas narrativas, suas lutas, sem negar os enganos e anos de escravidão, ditadura e opressão. Precisa saber desse estranho desconhecido da nossa história. Como canta Chico Buarque: "resgatar o eco de antigas palavras, fragmentos de cartas, poemas, mentiras, retratos, vestígios de estranhas civilizações"[9] — o

---

[9]BUARQUE, C. Futuros amantes. Intérprete: Chico Buarque. In: *Paratodos*. Rio de Janeiro: Marola Edições Musicais Ltda., 1993, LP.

estranho dessa civilização que nos é tão conhecido e velado a todo custo.

No Brasil, precisamos atravessar a fantasia de que somos um povo dócil e gentil. Como em *Cem anos de solidão*, uma mentira repetida e reprisada se torna verdade, por isso se negam a dizer o número oficial de mortos e infectados pelo vírus invisível, afinal "nada aconteceu" e se declara: somos um "povoado feliz", vivendo seus quinhentos anos de solidão entre mentiras, omissões, violência e mordaças.

Recordemos Marcelo Yuka, fundador do Rappa, com sua música *Minha alma*:

> A minha alma tá armada
> E apontada para a cara do sossego
> Pois paz sem voz, paz sem voz
> Não é paz é medo.
> Às vezes eu falo com a vida
> Às vezes é ela que diz
> Qual a paz que eu não quero
> Conservar para tentar ser feliz.
> As grades do condomínio são para trazer proteção
> Mas também trazem a dúvida se é você que tá nessa prisão.
> [...]
> É pela paz que não quero seguir admitindo.[10]

Não há paz que suporte o peso da opressão, é pela paz que não quero seguir admitida.

---

[10] YUKA, Marcelo. Minha alma. Intérprete: O Rappa. In: *LadoB LadoA*. Rio de Janeiro: Warner Music, 1999, CD/LP.

O **CORPO**
na psicanálise

Luis Izcovich[1]
Tradução de Paulo Sérgio de Souza Jr.

A atualidade do nosso mundo está marcada por um vírus. Um vírus foi o suficiente para transformar a vida de todo um planeta. Nossos governantes decidiram, de modo quase unânime, que a solução é o confinamento.

A experiência pela qual estamos passando, com ligeiras diferenças conforme o lugar, é de sumo interesse para a psicanálise. Ganha atualidade, assim, uma questão fundamental: o corpo na psicanálise. Isso abre para uma série de questões. É preciso corpo para fazer uma análise? O que a experiência do confinamento muda nas pessoas? O que é o corpo para a psicanálise?

Começo com a primeira. A pandemia fez com que quase todos os analistas entrassem em acordo a respeito de um

---

[1] Psicanalista, psiquiatra de formação, doutor em Psicanálise pela Universidade de Paris VIII, membro da Internacional e da Escola dos Fóruns do Campo Lacaniano. Atualmente ensina no Colégio de Clínica Psicanalítica de Paris, cidade em que exerce a psicanálise.

ponto. A análise pode se servir da tecnologia para levar a cabo a finalidade própria à análise. Antes da pandemia, sempre existia uma suspeita em relação ao uso do telefone, do Skype e de outros meios. Hoje isso já não está em discussão, mas é lógico que cumpriria indagar a respeito de qual o valor da presença do analista para que a análise possa chegar a seu termo.

Comunico minha posição a respeito disso baseada na minha prática, mas também na de Freud e na de Lacan. Uma análise é o encontro entre dois corpos. É claro que há regras nesse encontro que diferem dos outros encontros entre dois corpos. Esse encontro entre dois corpos é indispensável no decorrer de todo o tratamento? A minha resposta é não. Explico: se acompanhamos Lacan, o que funda a análise é a transferência. A transferência é o motor do tratamento. O fator produtor de transferência não é o corpo, e sim a constituição do sujeito suposto saber. É a tese de Lacan que se confirma toda vez. Amo a quem suponho amor.

Não é incompatível a constituição de um sujeito suposto saber sem o encontro com o corpo do analista. De fato, Lacan faz referência à ideia do que é que captura dois corpos, no sentido do que faz com que um corpo se ate a outro e não fique flutuando em permanência e substituição infinitas. Fazer-se essa pergunta é fazer-se também a pergunta a respeito do que é que faz com que a gente funcione em par — refiro-me à vida amorosa ou ao par com o analista. É preciso dizer que a relação com o analista é uma relação amorosa, sem os corpos. O que captura os corpos é um discurso. O discurso analítico captura os corpos do analisante e do analista. O discurso não precisa de uma presença.

Outra coisa é o fim de análise. É o que estou desenvolvendo atualmente no meu seminário em Paris. Freud, desde o princípio, utiliza em seus conselhos técnicos a seguinte fórmula: não se pode matar a transferência *in absentia* e *in effigie*. O verbo que ele utiliza em alemão remete não exatamente a matar, ele é ainda mais forte: é abater, como se abate uma árvore. Dá a ideia de uma extração radical do outro, e não somente dizer a ele: estou cansado de vir aqui te ver.

Essa experiência radical de separação — que não é apenas a queda do sujeito suposto saber, nem a experiência de extrair-se da cena analítica — é uma verdadeira separação em relação ao corpo do analista. Isso não é possível sem o encontro de corpos.

Segunda questão: os corpos durante o confinamento. O que se revela é que o corpo não é o sujeito. Uma ordem do mestre foi o suficiente para que todos os corpos se isolassem uns dos outros. Porém, se os corpos se confinaram, os sujeitos não. É um fato histórico. Os corpos dos migrantes na Europa são alocados em espaços confinados; isso não impede que os sujeitos sigam desejando, amando, fantasiando. Todos os testemunhos que temos dos campos de concentração vão nessa direção. Pode-se imobilizar um corpo, o sujeito subsiste.

Decerto os sujeitos cujos corpos estão confinados veem-se afetados. Tomemos esse afeto generalizado, observado simultaneamente pelos analistas e pelos analisantes: o corpo extenuado. Trata-se de uma perda dos semblantes. Os semblantes caem; fica a voz como aquilo que une os corpos — e não é fácil sustentar-se unicamente com a voz e sem os semblantes. É por isso que me proponho a comentar uma frase à qual raramente se faz referência em conexão com a voz.

O tema é vasto, e se reservo aqui o objeto voz, é em razão de seu caráter proeminente em relação aos outros objetos. Várias indicações convergem para essa ideia. Primeiramente, quando Lacan afirma que aquilo que nos vem do Outro da linguagem é, antes de qualquer coisa, uma forma vocal. Assim como quando Lacan se refere à "pulsão invocante, que é a mais próxima da experiência do inconsciente"[2]. Também quando ele afirma que os ouvidos são, no campo do inconsciente, o único orifício que não pode se fechar. Mas também, e mais fundamentalmente, quando Lacan *dá à voz* um estatuto diferente em relação ao outro objeto de desejo que é o olhar. Enquanto no "fazer-se ver" o circuito pulsional, depois de completar a sua volta, fecha-se no sujeito, no "fazer-se ouvir" trata-se de um circuito que vai em direção ao outro — é uma ida sem volta. Dito de outro modo, com a voz, constrói-se um circuito pulsional especial. É o que dá abertura para o inconsciente; e, além do mais, de uma outra forma.

A voz, em contrapartida, é modulação. Ela capta o murmúrio da Coisa e a eleva a uma outra dimensão. Ela é sublimação; mas, sobretudo, é aquilo que sustém o corpo. A questão é, de fato, colocada por Lacan em termos de aparelhamento do corpo, a ponto de ele distinguir aquilo com que os corpos podem se aparelhar, em termos de sexualidade, daquilo com que os corpos podem se emparelhar. Pois para se emparelhar basta o órgão — o que explica que existam sexualidades de semblante. Outra coisa é aparelhar-se. Os corpos aparelham-se

---

[2] LACAN, J. (1964) *O seminário, livro 11: os quatro conceitos fundamentais da psicanálise*. Tradução de M. D. Magno. Rio de Janeiro: Jorge Zahar Editor, 1988, p. 102, aula de 4 de março de 1964, tradução modificada.

pela pulsão; de novo, entretanto, convém situar um além do olhar que é dado pela voz. Pois mesmo após haver introduzido a causa do desejo como lugar para os objetos olhar e voz vindos do desejo do Outro, Lacan vai sustentar que o desejo como tal manifesta-se no nível da voz; que ele não é somente objeto causa, mas instrumento. Aqui a noção de instrumento, reservada à voz, remete ao aparelhamento dos corpos evocado acima. Com efeito, é a voz que sustém o corpo.

De onde vem essa ideia de que a voz sustém o corpo? Reportem-se ao exemplo que Lacan dá a propósito dos astronautas no momento da viagem à lua. É pela voz, único contato com a Terra, que eles conseguem se sustentar. É até mais preciso na metáfora de que Lacan se serve: pela voz, eles sustentam o períneo. Aconteceu de uma analisante poder me demonstrar a atualidade desse fenômeno. Por anos ela apresentou uma persistente visão turva que a impedia de se orientar na existência. Era o resto de uma anorexia brutal e repentina da qual ela foi saindo progressivamente sob transferência, apoiando-se num "como se" no laço com o outro. Logo ela não teve mais fenômenos residuais no corpo e esteve até muito tranquila no amor e no sexo, tirando o fato de que ainda havia a visão turva.

Ora, essa manifestação é ainda mais incômoda quando se é controlador de tráfego aéreo e quando se deve decidir sozinho em que momento um avião deve aterrissar ou em que momento se deve liberar um avião para que ele ultrapasse certo patamar nos ares após a decolagem. Logo, a turbidez no campo escópico causa problema. O interesse desse caso se deve à saída, que foi se impondo progressivamente, a saber: que esse sujeito dedicou um tempo enorme a escutar emissões de rádio com o objetivo de copiar mulheres com voz sedutora. É o que ela aplica em seu laço com pilotos e que lhe permite suprir as turbidezes de percepção. E sobretudo, ainda que seja um novo semblante, funciona como aquilo que sustenta o Outro pelo períneo e aquilo que sustenta, por sua vez, o dela próprio. Ou seja, ela regulou pela voz aquilo que lhe escapava no olhar.

Assim, no seminário sobre o sinthoma, ele situa a pulsão como "o eco no corpo do fato de que há um dizer"[3]; depois, a propósito da interpretação, indica que ela opera pelo equívoco, e por isso é preciso haver alguma coisa no significante que ressoe. É preciso, então, notar que a questão não se deve bem ao fato de que se trata de libertar o significante pelo equívoco. Para que ressoe, é preciso que isso soe bem no nível do ressonador; em outras palavras, que ressoe apenas na sua frequência própria. A frequência própria não tem nada a ver com a frequência do timbre da voz; a frequência própria do ressonador é, aqui, o estilo do sujeito.

Recuperando essa nova formulação da pulsão, notemos, primeiro, que ela situa o dizer como necessário, ou seja, isso implica o inconsciente do Outro. Porém, há um outro nível: o dizer afeta um corpo que é sensível a ecoá-lo. O eco no corpo é um dos nomes do real do sujeito. A voz é dominante, como Lacan já havia escrito em sua primeira formulação da pulsão no grafo, no qual ele coloca a voz embaixo do grande Outro. Lacan acrescenta, aqui, o eco num corpo sensível à voz.

---

[3]LACAN, J. (1975-1976) *O seminário, livro 23: o sinthoma*. Tradução de Sérgio Laia. Rio de Janeiro: Jorge Zahar Editor, 2007, p. 18, aula de 18 de novembro de 1975, tradução modificada.

Terceira questão: efeitos sobre o corpo. Convém observar que a psicanálise é, antes de mais nada, uma questão de corpo. Freud começou a partir do corpo e Lacan sempre manteve essa perspectiva. O nascimento da psicanálise está ligado a um corpo que sofre e não encontra a sua resposta na medicina. É o que se verifica com as histéricas e, em primeiro lugar, com Anna O. O sintoma era um enigma no corpo que se endereçava ao Outro da ciência e que ficava sem resposta. Eis aí, então, o que constitui o ponto de partida que vai dar lugar ao ato de nascimento da psicanálise.

No entanto, para isso foi preciso uma mudança de paradigma da parte desse homem das ciências que foi Freud. Essa mudança de paradigma é relativa à constatação de que o sintoma histérico não encontra as suas raízes numa localização anatômica. Foi isso que permitiu fundar a psicanálise. Enquanto para a medicina o paradigma é o de afirmar uma correlação entre a anatomia e a doença, Freud percebe que, para a histérica, há uma dissociação. A mudança de paradigma, portanto, não é que o método para tratar a doença mudou a partir de Freud. É certo que Freud se serviu da fala de um modo diferente do modo da ciência de sua época, mas a mudança fundamental parte do fato de que ele percebeu que existem afecções que não seguem as leis da anatomia. Vocês logo irão notar que situar a afecção — ou seja, a doença — em termos de uma dissociação em relação à anatomia já é dizer uma coisa diferente de que quando se diz não haver afecção pois o corpo está normal anatomicamente.

Se eu situo a problemática em relação ao estado atual da medicina, é porque a ética analítica deve sempre acompanhar o progresso da ciência, distinguindo-se dela quando necessário. Como não levar em conta, por exemplo, as estatísticas? Estatísticas são o oposto da psicanálise, pois elas visam prescrever uma conduta em função de uma norma e, quando há exceções, a gente diz que "a exceção faz a regra", isto é, "faz a norma". Ora, a psicanálise leva em conta o universal ao qual as estatísticas visam, mas para dizer que a exceção não funda a norma: a exceção é a norma para a psicanálise. A partir daí se poderia distinguir, do ponto vista médico, três formas de manifestações do corpo.

A primeira forma, aquela que dá lugar à terapêutica clássica, é quando a causa é detectável no nível do corpo; isso quer dizer que a anatomia que dá lugar à afecção é conhecida. A segunda forma é da ordem do que se chamou de psicossomática. É quando as manifestações dão lugar a uma alteração do corpo, a causa anatômica é desconhecida e supõe-se a incidência de um fator que é da ordem do psíquico sem que ninguém possa dizer exatamente o que o termo "psíquico" recobre. Pode-se, nos casos ditos "psicossomáticos", conhecer a sede anatômica que dá lugar à doença, mas não se conhecem as razões que produzem a lesão. Já adianto que se trata de um problema alocar do lado da psicossomática aquilo que é da ordem do desconhecido. Digamos que seja desconhecido no estado atual da ciência; mas por que acrescentar o termo "psíquico" nesses casos? Não vou desenvolver esse ponto, embora seja importante.

A terceira forma é a preconizada pelas neurociências. Não se conhece a causa de uma afecção, então se supõe que haja uma doença genética que esteja determinando os fenômenos ou uma alteração dos neurotransmissores — e, mesmo na ausência de provas, procede-se ao tratamento. Se o tratamento funciona, isso quer dizer que a hipótese era certa. Logo, procede-se aqui a uma mudança de paradigma da medicina. Se os medicamentos agem, é porque há uma doença. A prova da afecção do corpo não existe e a única coisa que se sabe é que os medicamentos modificam o fluxo dos neurônios. Por que isso produz um efeito, ninguém sabe; porém, continua-se a pensar que as neurociências são o futuro.

A quarta forma das manifestações do corpo concerne a fenômenos que permanecem fora do campo científico. Isso quer dizer que a ciência os rejeita, os exclui do seu campo. Trata-se, do ponto de vista médico, das afecções do corpo em que não há lesão. Isso concerne aos casos em que o corpo está doente para o paciente, mas não para o médico. São os casos que, em sua maioria, convocam para os médicos a ideia de que o corpo compete ao "psi". Digo "psi" porque, em função do médico, pode ser um psicólogo, um psicoterapeuta, um psicanalista.

Ora, o que convém notar é que essa não é uma concepção compartilhada pela orientação lacaniana na psicanálise. Será preciso mostrar de que divergência se trata e quais razões nos levam a asseverar essa divergência.

A divergência está posta claramente no texto "Televisão"[4], que retoma a tese freudiana da dissociação entre a anatomia e a doença a propósito do sintoma na psicanálise, para indicar que uma estrutura — a da linguagem — recorta o corpo determinando um corpo outro que não aquele que encontra a sua condição na anatomia.

---

[4]LACAN, J. (1973) Televisão. In: LACAN, J. *Outros escritos*. Tradução de Vera Ribeiro. Rio de Janeiro: Jorge Zahar Editor, 2003.

Vê-se aí uma diferença fundamental em relação à concepção médica. A demanda que se endereça à psicanálise concerne sempre a um corpo que sofre, mas isso não constitui, como se diz, "doenças imaginárias". Se o corpo sofre, é em razão da inserção da linguagem no corpo. Nesse sentido, a psicanálise se encarrega não somente dos casos em que o sofrimento do corpo não tem causa conhecida, mas também quando a causa é conhecida, pois o corpo sempre sofre pelo fato de a linguagem nunca conseguir simbolizá-lo de uma maneira completa.

Essa concepção retoma a hipótese do inconsciente formulada por Freud. Era extremamente audacioso da parte dele afirmar que, se o corpo está sofrendo, é porque o inconsciente está implicado. Agora, quando, em "Televisão", Lacan afirma que uma estrutura, a da linguagem, recorta o corpo, ele vai mais longe do que quando aventa que "o inconsciente é estruturado como uma linguagem". Afirmar que a linguagem recorta o corpo é dizer que a condição do corpo se encontra na linguagem. Dito de outro modo, é dizer que a linguagem determina o corpo. Essa perspectiva é anunciada no resumo do seminário *A lógica da fantasia*, no qual ele afirma que o "lugar do Outro não deve ser buscado em parte alguma senão no corpo"[5].

Isso dá a ideia de que o Outro não é uma ideia religiosa ou mística. O Outro se encarna no corpo. Há uma coalescência entre o corpo e o Outro. É porque o Outro se encarna que há

---

[5]LACAN, J. (1984) A lógica da fantasia: resumo do seminário de 1966-1967. In: LACAN, J. *Outros escritos*. Tradução de Vera Ribeiro. Rio de Janeiro: Jorge Zahar Editor, 2003, p. 327.

um corpo. Logo, o corpo não é só a imagem que se tem de um corpo. O corpo existe na medida em que foi marcado pela linguagem. É essa, aliás, a tese que ele sustenta em seu texto "Radiofonia"[6], no qual ele evoca o corpo simbólico. A tese, no entanto, já estava em "Função e campo da fala e da linguagem", visto que Lacan se refere à linguagem designando-a como "corpo sutil"[7].

Isso quer dizer que não se pode considerar, de um lado, o simbólico — ligado àquilo que nos vem do Outro como significante — e, do outro, o corpo. Na realidade, os dois termos são indissociáveis. O Simbólico existe na medida em que ele se encarna num corpo, e vice-versa: um corpo existe na medida em que é atravessado pelo Simbólico. Não se pode, com isso, separar o registro do significante do registro do corpo. Lacan tira disso uma importante consequência para a teoria analítica, pois é essa concepção que o leva a substituir o termo "sujeito" pelo termo "falasser". O falasser é o sujeito enquanto determinado, no gozo de seu corpo, pelo significante. O inconsciente não deixa de ter referência ao corpo.

Lacan, em "O aturdito", afirma: "é pelo inconsciente que o corpo adquire voz"[8]. Vê-se, novamente, a ideia de que, para que haja corpo — e, portanto, ser —, há a necessidade de uma perda. É uma perspectiva constante do ensino de Lacan que não limita a questão do corpo à forma como o significante o

---

[6] LACAN, J. (1970) Radiofonia. In: LACAN, J. *Outros escritos*. Tradução de Vera Ribeiro. Rio de Janeiro: Jorge Zahar Editor, 2003, p. 400-447.
[7] LACAN, J. (1953) Função e campo da fala e da linguagem em psicanálise. In: LACAN, J. *Escritos*. Tradução de Vera Ribeiro. Rio de Janeiro: Jorge Zahar Editor, 1998, p. 302.
[8] LACAN, J. (1972) O aturdito. In: LACAN, J. *Outros escritos*. Tradução de Vera Ribeiro. Rio de Janeiro: Jorge Zahar Editor, 2002, p. 463.

determina pelo esfacelamento do gozo, mas traz a necessidade de recorrer ao objeto *a* para cingir melhor o laço entre corpo e inconsciente. Percebe-se a mudança em relação ao início do ensino de Lacan, quando ele situa o corpo em termos de assunção da imagem. O termo "assunção" é utilizado por Lacan desde "O estádio do espelho" para indicar a experiência de identificação no bebê com a imagem completa do Outro. É preciso que o bebê se aproprie da imagem de completude, sem a qual o seu corpo fica esfacelado.

Porém, com a ideia de que o corpo é recortado pelo significante, a tese é a de que o corpo é necessariamente esfacelado, sem a possibilidade de uma unidade. Disso se deduz um desafio crucial para a clínica analítica, seja com neuróticos, perversos ou psicóticos: a questão central é como uma prática de fala pode ter uma incidência no gozo do corpo. E o próprio da psicanálise é afetar o corpo pelo viés de um efeito no inconsciente. É estranho pensar que porque a gente mexe com o inconsciente, a gente mexe com o corpo. Mas esse é um fato que se constata na clínica analítica. Basta pensar nos sujeitos que dizem, com o avanço da análise, que se sentem menos cansados, que recobraram as forças, e até mesmo — é um fato clínico — que ficam menos doentes. Sem dúvida o desejo tem um efeito benéfico para o corpo. Eu sei, vocês vão me fazer a pergunta: como? A resposta eu não sei, só sei que é o que constato.

Essa questão já é abordada por Lacan no texto que evoquei anteriormente, "Televisão", quando ele afirma que a psicanálise veio no lugar da medicina, que, desde sempre, mirou o corpo. Isso quer dizer que o alvo de uma psicanálise é afetar a modalidade de gozo de um sujeito. E como é que um sujeito goza? Ele goza com seu corpo. É o que Lacan afirmava:

"nós não sabemos o que é estar vivo, a não ser o seguinte: que um corpo, isso goza"[9]. Não há gozo do corpo a não ser pela incidência do significante.

O corpo, para a psicanálise, é o corpo vivo, atravessado pelo significante que determina as modalidades de gozo do corpo. Se a psicanálise assume o posto da medicina, não é somente porque em análise se diz aquilo que não se diz ao médico. Decerto a nossa época, marcada pelos efeitos da ciência, determina que a prática médica reserve pouco tempo à palavra. Mas a razão essencial de ter assumido esse posto é que a medicina deixa de lado as manifestações do corpo que ela não identifica. Ora, Lacan, em "Televisão", dá a entender que, se a psicanálise assumiu o posto, é porque ela detectou a existência do inconsciente.

Isso, aliás, é o que permitiria especificar um efeito analítico. É quando há uma modificação do gozo do corpo a partir de um efeito no inconsciente. É a essência da mensagem de Freud a propósito da histeria, a saber: o sintoma histérico é sofrimento do corpo correlato ao inconsciente; e é através de uma decifração do inconsciente, portanto, que se pode obter um efeito terapêutico.

A tese do corpo para a psicanálise encontra-se notadamente em "Radiofonia": "o primeiro corpo faz o segundo, por se incorporar nele. Daí o incorpóreo que fica marcando o primeiro, desde o momento seguinte à sua incorporação"[10].

---

[9]LACAN, J. (1972-1973) *O seminário, livro 20: mais, ainda*. Tradução de M. D. Magno. Rio de Janeiro: Jorge Zahar Editor, 1985, p. 35, aula de 19 de dezembro de 1972.
[10]LACAN, J. (1970) Radiofonia. In: LACAN, J. *Outros escritos*. Tradução de Vera Ribeiro. Rio de Janeiro: Jorge Zahar Editor, 2003, p. 406.

Essa incorporação de que fala Lacan é aquilo que, do corpo-organismo, por intermédio da linguagem, confere a ele o seu estatuto na psicanálise: "o corpo faz a cama para o advento do Outro"[11]; "o simbólico toma corpo"[12]; "o corpo [é] aquilo que pode portar a marca adequada para situá-lo numa sequência de significantes"[13]; "suporte [...] necessário"[14]; "na psicanálise, o homem nada sabe da mulher; nem a mulher, do homem. No falo se resume o ponto de mito em que o sexual se torna paixão do significante"[15].

Isso quer dizer que o Simbólico necessita de um corpo para se encarnar. E a questão é fundamental no plano clínico. Há sujeitos desencarnados, que têm um organismo, mas será que têm um corpo? Para evocar o corpo, há de se localizar a confluência de um gozo do corpo e a incorporação do significante. A questão da encarnação tem a ver, então, com essa dupla dimensão.

"O falasser adora seu corpo porque acredita que o tem"[16]. É a única relação que um sujeito tem com o seu corpo.

É preciso dizer que a linguagem faz o corpo modelando, formatando o organismo ao fazê-lo entrar no simbólico. O corpo é simbólico. A ideia de Lacan, portanto, é a de que

---

[11] LACAN, J. (1967) Da psicanálise em suas relações com a realidade. In: LACAN, J. *Outros escritos*. Tradução de Vera Ribeiro. Rio de Janeiro: Jorge Zahar Editor, 2003, p. 357, tradução modificada.

[12] LACAN, J. (1970) Radiofonia. In: LACAN, J. *Outros escritos*. Tradução de Vera Ribeiro. Rio de Janeiro: Jorge Zahar Editor, 2003, p. 405.

[13] *Ibid.*, p. 407.

[14] *Ibid.*, p. 407, tradução modificada.

[15] *Ibid.*, p. 410.

[16] LACAN, J. (1975-1976) *O seminário, livro 23: o sinthoma*. Tradução de Sérgio Laia. Rio de Janeiro: Jorge Zahar Editor, 2007, p. 64, aula de 13 de janeiro de 1976, tradução modificada.

não só é preciso que o ser humano acesse a linguagem, mas também que a linguagem se incorpore. É essa a proposição de Lacan. Porém, o que estou fazendo aqui, na esteira de Lacan, é tentar demonstrar que não se trata de pura teorização, mas de uma concepção que é da ordem da clínica.

Essa concepção assevera a existência de um nível. Pode-se perfeitamente acessar a linguagem e, não obstante, a linguagem não se incorporar. Uma falta de inscrição na linguagem que deixa aberta a possibilidade de o sujeito se comportar com uma liberdade absoluta, sem a marca de uma experiência infantil que o limita e que orienta a sua modalidade de gozo.

Na realidade, quando ele define o sintoma como "acontecimento de corpo", isso redunda em afirmar que, mesmo para quem sofre do pensamento, o seu sintoma é, na realidade, sintoma de corpo. Mas é preciso definir o que é o "acontecimento do corpo". O que é próprio do "acontecimento do corpo" é a existência de uma marca traumática infantil que dá lugar a uma zona privilegiada do corpo que localiza o gozo.

Dito isso, Lacan contradiz a concepção dualista do corpo e da alma. Ele o afirma de forma explícita em "Televisão": "o sujeito do inconsciente só toca na alma através do corpo"[17]. Não há separação, portanto, entre corpo e alma; há, antes mesmo, conjunção. É isso que dá lugar à tese à qual eu ia me referindo, da conjunção entre o significante e o corpo ou, como ele diz na "Conferência de Genebra"[18], coalescência

---

[17]LACAN, J. (1973) Televisão. In: LACAN, J. *Outros escritos*. Tradução de Vera Ribeiro. Rio de Janeiro: Jorge Zahar Editor, 2003, p. 511.
[18]LACAN, J. (1975) Conferência em Genebra sobre o sintoma. In: *Opção Lacaniana — Revista Brasileira Internacional de Psicanálise*. São Paulo: Edições Eolia, 1998, volume 23, p. 6-16.

entre corpo e linguagem. Existe, portanto, uma concepção geral — isto é, para todo sujeito — segundo a qual o gozo está necessariamente ligado ao corpo, e essa concepção também implica, por definição, que não há harmonia na relação entre o sujeito e o gozo. É o que Lacan formula, em seu seminário ...*ou pior*, a propósito do ser falante: "é essa relação perturbada com o próprio corpo que se chama gozo"[19].

Retomo, o corpo encarnado é o corpo afetado pelo Simbólico, com uma localização do gozo. "Aparelhado", diz Lacan. Disso se depreende a concepção do sintoma: o sintoma histérico é um órgão com um mais-de-gozar; a pulsão recalcada dobra de intensidade e se faz mestre do órgão; o sujeito perde a sua autonomia. Percebe-se a diferença entre prazer e gozo. Com o gozo, perde-se a regulação; há um excesso de prazer. O gozo só serve para a busca de um mais-de-gozar. É o gozo sem lei e que tem uma afinidade com o supereu.

Tomemos o caso de Elisabeth von R., caracterizada pela manifestação de dor nas pernas, associada a anestesias e paralisias na mesma região. A interpretação central de Freud, que permitiu a suspensão dos sintomas, foi demonstrar à paciente que aquilo que estava na base dos seus sintomas era um desejo proibido — e, portanto, não satisfeito: o amor pelo cunhado. O que é crucial nesse caso é que esse desejo entrava em contradição com os valores dela, ou seja, o amor deveria ser pelo marido e não pelo cunhado.

É esse conflito que foi a fonte do recalcamento, e a interpretação de Freud consistiu em evidenciar que o sintoma

---

[19]LACAN, J. (1971-1972) *O seminário, livro 19: ... ou pior*. Tradução de Vera Ribeiro. Rio de Janeiro: Jorge Zahar Editor, 2012, p. 41, aula de 12 de janeiro de 1972.

nas pernas vinha no lugar de "dar um passo em direção ao cunhado". No lugar do desejo satisfeito, portanto, o sintoma se torna gozo paradoxal. É a tese freudiana do sintoma como satisfação substitutiva: o significante recalcado se inscreve como sintoma corporal.

Observem que é isso que Lacan retoma em "Televisão", quando formula que "a cura é uma demanda que parte da voz do sofredor, de alguém que está sofrendo do corpo ou do pensamento"[20]. Trata-se aí de uma concepção que podemos chamar de "clássica", que introduz uma separação, na clínica, entre as doenças do corpo e as doenças do pensamento. É clássica no sentido de que isso vem das psiquiatrias francesa e alemã do final do século XIX. É uma concepção que opõe a paranoia, como doença da ideação, a uma entidade que vai se separando progressivamente da paranoia: a demência precoce. A razão dessa separação deve-se ao fato de que essa nova entidade, que está na base da esquizofrenia — assim designada por Bleuler em 1911 —, é considerada como algo que afeta o corpo. A essência dos diferentes tipos de esquizofrenia ("o grupo de esquizofrenias", dizia Bleuler) era situar diferentes maneiras de afetar o corpo — ou mesmo de não afetá-lo, como na categoria de esquizofrenia simples.

Freud retoma a concepção que separa doença do corpo e doenças do pensamento e serve-se dela de duas maneiras. Primeiramente, dividindo as neuroses entre, de um lado, o que tem uma afinidade com as ideias (a neurose obsessiva) e, do outro, o que tem uma afinidade com o corpo (a neurose

---

[20]LACAN, J. (1973) Televisão. In: LACAN, J. *Outros escritos*. Tradução de Vera Ribeiro. Rio de Janeiro: Jorge Zahar Editor, 2003, p. 511, tradução modificada.

histérica); e então, assim como ele faz com o caso Schreber, afirmando a afinidade entre a esquizofrenia e a histeria, de um lado, e a afinidade entre a neurose obsessiva e a paranoia, do outro.

Aliás, a separação feita por Freud entre esquizofrenia — que ele chamou de parafrenia — e paranoia deve-se à modalidade da tentativa de cura. E então pode-se ler Freud afirmando, de forma estranha, que, para os esquizofrênicos, a alucinação é uma tentativa de cura — e histérica, acrescenta ele. Isso significa que a alucinação é uma tentativa malsucedida de reconduzir a libido aos objetos. A libido permanece no nível do corpo.

É preciso observar que essa é a mesma opção mantida por Lacan, pelo menos por um bom tempo. De igual maneira, no mesmo texto, quando ele evoca a estrutura da linguagem que recorta o corpo, acrescenta que isso "nada tem a ver com a anatomia. Testemunha disso é a histérica. Esse cisalhamento chega à alma com o sintoma obsessivo: pensamento com que a alma se embaraça, não sabe o que fazer"[21]. A separação, portanto, entre corpo e pensamento é mantida: o primeiro (portanto, o corpo) ligado à histeria; o segundo (o pensamento) ligado à neurose obsessiva.

Isso nos leva a situar uma relação perturbada generalizada com o próprio corpo, efeito da insuficiência da assimilação do gozo do corpo pelo simbólico; e no interior dessa concepção, um caso de caráter especial, que é aquele em que se produz o "acontecimento de corpo". É a partir dessa concepção que faço, então, uma leitura dos fenômenos de corpo que permitem

---

[21] *Ibid.*

distinguir a relação com o corpo na neurose da relação com o corpo na esquizofrenia e na paranoia. Deixo de lado, então, a distinção que situa a esquizofrenia como estando ligada ao corpo e a paranoia como ligada ao pensamento, que, embora seja justa, é demasiado geral — e, portanto, inespecífica. Acho mais interessante a opção que situa a esquizofrenia e a paranoia como dizendo respeito a duas modalidades de uma relação perturbada com o próprio corpo sem por isso constituir um acontecimento do corpo. Dito de outro modo, poderíamos sustentar que o gozo do corpo na psicose concerne a uma desregulação do gozo, que, no entanto, não consegue se fixar como acontecimento.

Ora, o que é que se constata na esquizofrenia? O distanciamento maciço entre a linguagem e o gozo do corpo. Não é o corpo da histérica em busca de uma unidade. Não é o corpo fragmentado. É o esfacelamento do corpo; um corpo sem vida, prestes a se desmantelar a qualquer momento. É um corpo que é Real.

Aplico aqui ao corpo a definição capital que Lacan dá da esquizofrenia: todo Simbólico é Real. Isso quer dizer que o uso das palavras não tem distância alguma com a coisa. As palavras são a coisa. Ora, dado o fato de que, como mostrei, para Lacan o corpo é a sede do Simbólico — ou seja, que o Simbólico existe na medida em que os significantes se encarnam no corpo —, na falta de um corpo Simbólico, o corpo se torna puro Real.

É o que se constata nas formas graves de esquizofrenia, em que vai se reduzindo até desaparecer a relação com a palavra e o que prevalece progressivamente é um corpo inerte, um corpo morto — tal como demonstram a esquizofrenia catatônica ou os casos de mutismo absoluto, nos quais o sujeito se abriga detrás de uma fortaleza inexpugnável. É esse também o caso da anorexia, que, na esquizofrenia, assume uma forma diferente de uma perturbação da imagem do corpo, como no caso da histeria. A anorexia no esquizofrênico encontra o seu propulsor no fato de que o corpo não é vivo. Ela é, para o sujeito, o sentimento de ser reduzido ao cadáver; e comer é envenenar o corpo. Esses casos demonstram a falência de uma identificação. Existe um fracasso da identificação especular, que, por conseguinte, não consegue compensar o fracasso de uma identificação do sujeito com o seu ser como vivo.

As manifestações de corpo assumem uma outra forma na esquizofrenia paranoide, em que o investimento da libido se faz parcial. Não há um perseguidor verdadeiro. Os fenômenos estranhos do corpo não desembocam numa verdadeira cristalização. Isso é demonstrado, de forma menos aguda, noutras formas de esquizofrenia, nas quais prevalece aquilo que Freud havia destacado como sendo a hipocondria.

É importante acompanhar a concepção de Freud a respeito da hipocondria, pois hoje em dia o que é que se entende como hipocondria? A hipocondria, no sentido comum dos médicos, é a doença imaginária, a queixa sem razão, a necessidade de acreditar-se doente. Porém, a hipocondria para Freud é outra coisa. Ela é a forma de entrada da psicose. Freud chega a fazer uma equivalência: a hipocondria seria para a psicose aquilo que a angústia seria para a neurose.

Observem que, fazendo desse modo, Freud procede como Lacan, a saber: ele busca estabelecer uma clínica baseada na descontinuidade e em que se trata de identificar quais são os sinais iniciais da descambada na doença. Isso é o que deu lugar, em Lacan, à noção de desencadeamento.

Ora, será que a equivalência asseverada por Freud entre hipocondria e psicose, entre angústia e neurose se justifica? Sim, ela é lógica, digamos, pois constitui a aplicação da sua teoria libidinal. Segundo essa concepção, o início da psicose se explica através de um recuo da libido dos objetos. Clinicamente, isso se verifica pelo desinteresse que o sujeito tem pelo mundo, o que vai de mãos dadas com um interesse pelo próprio corpo. O fenômeno é particularmente evidenciado nos princípios de esquizofrenia na adolescência e na dificuldade de investir noutra coisa que não no corpo.

Ora, os limites da concepção de Freud devem-se ao fato de que isso não explica o conjunto das formas de entrada na psicose, em que somente uma lógica que se ampare na categoria de significante pode dar conta. De igual modo, é ao levar em conta a relação com os significantes que se pode distinguir a angústia na neurose da hipocondria psicótica. A angústia na neurose se cristaliza em torno de um significante. É aí que se pode afirmar que houve passagem da angústia ao sintoma.

A hipocondria no esquizofrênico pode igualmente assumir a forma de uma angústia, mas o que é próprio do esquizofrênico é o estatuto enigmático que os fenômenos adquirem, fenômenos cuja propriedade é a de permanecer como enigmas sem solução — como o sujeito que há anos se queixa, em análise, da inércia em que vive, na qual tudo permanece estático pois nada deve se mexer. O corpo é como uma foto e a única preocupação é a de que ele não envelheça. Dito de outro modo, nada responde o enigma. É um enigma que comporta a sua própria convicção. Trata-se, portanto, de um fenômeno de corpo que tem o estatuto de um fenômeno elementar. A cadeia significante é quebrada e funciona segundo o princípio de uma sucessão de vários S_1, ou do mesmo S_1, mas a característica é a mesma: não há advento de um S_2.

Tomemos também o caso do rapaz que encontrei no hospital. Ele quis que lhe operassem o nariz em razão da falta de harmonia que notava em seu rosto. Porém, uma vez obtida a cirurgia estética — que, aliás, foi bem-sucedida —, ele passou a perguntar incansavelmente se o seu rosto não estava deformado. Não parava de chamar o médico para lhe perguntar, mas também a mim. Ficava o tempo todo olhando fotos do rosto antigo e do rosto atual. E não é que ele tivesse certeza de que a operação não tinha dado certo. Restava-lhe uma pergunta, mas o problema era sobretudo o fato de que nada funcionava como resposta. Toda a sua energia era dedicada à procura de uma resposta, a ponto de ter de abandonar sua atividade profissional e, depois, separar-se de sua companheira para se refugiar na solidão. Ali não é um corpo que constitui enigma ou sintoma; é um corpo que é puro Real.

É isso, aliás, que permite dizer que na esquizofrenia não há relação com o corpo, pois o sujeito não tem um corpo: ele é o seu corpo. É essa a razão da afinidade com a passagem ao ato suicida nos esquizofrênicos. Na medida em que o sujeito dispõe apenas do recurso a próteses imaginárias, basta uma falência imaginária para que o sujeito seja invadido pelo Real. Não há mediação da fantasia no caso dele. É isso que se produz no rapaz de que falei a vocês. Pois a fantasia, mesmo que seja uma fantasia delirante, constitui uma mediação que constitui muro para a invasão de gozo.

O corpo do esquizofrênico pode assumir a forma da elação — o termo é de Lacan — maníaca, ou seja, uma excitação sem estofamento; isto é, um corpo sem freio, como na mania, em que a falta de lastração como consequência da não função do objeto *a* torna inevitável que o corpo fique completamente à deriva.

Vamos notar a oposição com a neurose. O corpo da neurose comporta a marca de uma negatividade inscrita como que a ferro. É a marca da castração que produz no corpo uma extração do gozo. É o drama do neurótico, mas igualmente a sua salvação. É esse o drama, pois ele está condenado a que o seu gozo nunca seja absoluto, sempre limitado. É a sua salvação, pois é em razão dessa negatividade que o neurótico tem acesso ao gozo fálico — que, tal como formulado por Lacan, está fora do corpo. É preciso, portanto, que haja um corpo Simbólico para experimentar o gozo fora do corpo.

Outra coisa é o corpo na paranoia. Em termos freudianos, o que constitui a essência da paranoia é a megalomania, ou seja, a libido que foi retirada dos objetos, em vez de se instalar no corpo, é investida no nível do eu. Notem, portanto, que é uma outra coisa que não um corpo puro Real. A paranoia é a estrutura clínica menos fraca em relação às provações do corpo. De certa forma, o paranoico está livre das restrições histéricas em relação à falta no nível do corpo, das obsessões com as quais o obsessivo se flagela em relação ao seu corpo, e dos fenômenos que invadem o corpo esfacelado do esquizofrênico.

Essa liberdade, que é relativa à amplificação do eu paranoico, não resolve, no entanto, a provação do corpo; ao contrário, assume sobretudo a forma de uma desconfiança com todo fenômeno de corpo. Isso pode assumir a forma de uma perda de intimidade: é o caso de Schreber e da sua relação com o Outro divino, ou seja, que Deus não o deixa tranquilo. Deus o vigia, o espia; ele exige de forma constante o gozo do corpo, e isso a ponto de Schreber não conseguir defecar sozinho. Ele está sempre sob o olhar de Deus. O mesmo para o vestir-se: Deus é exigente e lhe pede que se vista de mulher. A desconfiança, portanto, concerne à relação com o Outro e se traduz na irrupção dos fenômenos de corpo que subitamente adquirem, para o sujeito, o caráter de um fenômeno que suscita a suspeita. O paranoico suspeita do seu corpo. Os sinais que ele percebe como estranhos são interpretados como perseguição. É o mesmo para o que concerne ao corpo do Outro. O que se evidencia, por vezes, quando do encontro sexual. O sujeito desconfia do gozo de um Outro corpo.

É preciso, por outro lado, notar que a liberdade do corpo no paranoico não exclui que, no momento do desencadeamento, assim como em momentos fecundos, fenômenos de corpo se manifestem de uma forma esquizofrênica. Isso é visível, no caso Schreber, no momento em que Freud designa como sendo a primeira doença, marcado por uma série de manifestações vagas, difusas, como a insônia. Trata-se de sinais discretos da intrusão de um novo significante, que o sujeito não chega a integrar em sua cadeia. Isso pode não ter consequências e até mesmo passar despercebido até a próxima intrusão. É o que acontece com Schreber, em que se constata um desencadeamento em dois tempos. O que distingue esses dois tempos é que é só no segundo tempo que se constata a emergência dos principais sinais da psicose, como as alucinações acústicas, o que exigiu um remanejamento do conjunto da cadeia significante em que o delírio consistiu. É, portanto, a partir do momento em que os fenômenos de corpo são atribuídos ao Outro — o que é o caso para Schreber com Deus — que constatamos que se produziu a perda da liberdade e a necessidade de atribuir a causa ao Outro.

Para concluir, o sujeito psicótico coloca o clínico diante de uma clínica que traduz os efeitos de um corpo que não é atravessado pelo significante, mesmo que de forma diferente na esquizofrenia e na paranoia. O corpo atravessado implica uma mortificação, um silêncio do corpo. E o paradoxo da psicose é que, na falta desse silêncio como efeito do significante, advém um corpo que fala. É um corpo que fala demais e, com frequência, que fala da existência da morte. Que o significante não consiga produzir a morte da coisa é aquilo de que Schreber, em especial, é testemunha — ele que lê a sua própria morte num jornal. É a regressão tópica no estádio do espelho, o que afeta o laço com o outro, visto que o sujeito se vê reduzido a viver num mundo povoado de cadáveres em que o próprio corpo é percebido como um cadáver.

É preciso observar, igualmente, que a virada do caso — e, então, a saída — é, como diz Lacan, que o sujeito, num dado momento, está morto. Foi preciso que ele experimentasse uma morte para ter acesso à vida. Disso se isola uma dimensão clínica para cada caso de psicose, e isso se verifica na relação com o corpo: é necessário suprir a carência de relação com o falo através de uma solução que não seja a morte do corpo. Resta isolar as manobras possíveis na transferência para tornar isso possível.

O analista assume a tarefa do médico. Lacan diz isso a propósito de ocupar, na história, o lugar de se ocupar do corpo.

Pois, na demonstração de Lacan, aquilo que Freud introduz — e que produz a virada que permite a invenção de um novo discurso, o discurso analítico — é tomar o corpo como suporte. A ponto de que aquilo que Lacan introduz em relação ao gozo, nesse seminário, é que ele não se relaciona com um corpo. O corpo não está sozinho. Há o corpo a corpo[22]. A partir do momento em que a gente parte do gozo, isso quer dizer que o corpo não está sozinho; isso quer dizer que há um outro.

Lacan afirma que Freud retorna ao corpo. Pode-se dizer que o retorno de Freud ao corpo é o que permite a Lacan fundamentar o discurso analítico. O discurso é sempre semblante, tentativa de capturar aquilo que não faz semblante, ou seja, o gozo. Pois o gozo, ele existe. Lacan insiste, com efeito, na ideia de capturar; noutro momento ele evoca as ideias de cingir, de encurralar. Aquilo que se captura é o mais-de-gozar. Aquilo de que se trata é da captura.

Depois Lacan se refere às entrevistas preliminares, cuja essência é a confrontação dos corpos. Trata-se de uma dimensão essencial. Isso parte desse encontro de corpos. Daí Lacan se indaga sobre como o discurso analítico consegue capturar corpos. Pois o discurso do mestre captura os corpos, ele os estanca. Lacan diz: "vocês, como corpos, estão petrificados"[23]. Há aqueles que não se deixam capturar: os esquizofrênicos. Um corpo errante, que não se fixa.

Se tem uma coisa que existe — ou seja, o discurso analítico —, é porque o analista, *enquanto corpo*, instala o objeto

---

[22] J. Lacan (1971-1972) *O seminário, livro 19: ...ou pior*. Tradução de Vera Ribeiro. Rio de Janeiro: Jorge Zahar Editor, 2012, p. 217, aula de 21 de junho de 1972.
[23] *Ibid.*, p. 220, aula de 21 de junho de 1972.

a no lugar do semblante. Então chego ao essencial: quando Lacan se interroga a respeito do que é que se trata na análise, acrescenta o seguinte: ele diz que é o analista "como corpo"[24] que instaura o semblante e, portanto, o dito dos pacientes.

O que interessa a Lacan é a hiância entre o corpo e os ditos, ponto de origem de um discurso. O analisante se interessa pelo corpo do analista e acredita capturar, assim, os sinais de uma fala que o analista não diz e que poderia revelar a verdade do gozo do sujeito. Pergunta de Lacan: "o que é que nos liga àquele com quem a gente se mete uma vez ultrapassada a primeira apreensão do corpo?"[25].

Vou me referir agora ao momento atual e à questão do corpo. A propósito disso Lacan evoca o termo "irmão": "somos irmãos de nosso paciente na medida em que, como ele, somos filhos do discurso"[26]. Outra coisa é a fraternidade de corpo, é o racismo. A fraternidade dos corpos é a sociedade de todos os iguais, todos irmãos — e os que não são iguais são excluídos. Vejam o que se passa nos Estados Unidos. É o Imaginário do corpo como prolongamento da nossa imagem do corpo, e fazer desse Imaginário aquilo que nos liga. Isso leva à paixão mortífera. E o poder de exclusão baseada na certeza de que se pode fazê-lo porque se é de cor branca. É a conjunção do Real com o Imaginário. O negro se torna o nome que encarna o ódio pelo diferente. Isso é a fraternidade pelo ideal e por uma fraternidade ligada à crença de ter um mesmo tipo de gozo. Intolerável crueldade, diz Lacan, que é vontade de destruição.

---

[24] *Ibid.*, p. 222, aula de 21 de junho de 1972.
[25] *Ibid.*, p. 226, aula de 21 de junho de 1972, tradução modificada.
[26] *Ibid.*

Fraternidade de discurso é oposta a fraternidade de corpo. Há, pois, um saber fazer com o corpo do outro, uma responsabilidade da parte do analista. Levar em consideração a existência de um sem Outro, fora do sujeito, distinto do semblante de ser que é o objeto *a*, de fato remete a como cada um faz com o seu gozo Outro: o avesso exato do racismo que "revaloriza a palavra 'irmão'"[27]. Vontade de matar aquele que encarna o gozo que rejeito. *"De onde lhe vem, por outro lado, a segurança de profetizar a escalada do racismo? E por que diabos dizer isso?* — Porque não me parece engraçado e, no entanto, é verdade"[28].

Lembremos essa constatação de Lacan em 1974:

> o homem [...] ama a sua imagem como aquilo que lhe é mais próximo, isto é, seu corpo. Só que, do seu corpo, ele não tem estritamente nenhuma ideia. Ele acredita que é si mesmo. Todo mundo acredita que é si mesmo. É um furo. E daí, por fora, há a imagem. E com essa imagem ele faz o mundo.[29]

Começo pela doação de óvulos: foi criado um verdadeiro mercado. Na França, é preciso esperar por três anos. Os preços mudam em função da cor da pele, do nível social da doadora e do nível de escolaridade, podendo chegar a 5.000 euros por uma doação de óvulo. A legislação está mudando, apesar das significativas manifestações dos grupos católicos

---

[27]*Ibid.*, p. 227, aula de 21 de junho de 1972, tradução modificada.
[28]LACAN, J. (1973) Televisão. In: LACAN, J. *Outros escritos*. Tradução de Vera Ribeiro. Rio de Janeiro: Jorge Zahar Editor, 2003, p. 532.
[29]LACAN, J. Le phénomène lacanien. In: *Cahiers cliniques de Nice*, n. 1, junho de 1998.

contra a RMA (Reprodução Medicamente Assistida) para mulheres solteiras ou lésbicas.

Há a dupla doação de gametas: utilizada por casais de lésbicas ou por casais sem sucesso com a FIV (Fertilização *In Vitro*). Proibida na França, autorizada na Espanha. A doação era anônima. A legislação mudou e hoje se pode conhecer a identidade do doador, caso o doador consinta com dar seu nome no momento de fazer a doação.

A maternidade de substituição não é autorizada na França, mas a França se viu obrigada pela Corte Europeia a reconhecer os nascimentos, no exterior, de crianças nascidas através desse método. Mas isso é válido para os casais heterossexuais, não para os casais de lésbicas.

Hoje utiliza-se o título de "turismo de procriação".

Os casais de lésbicas vão encontrar mais dificuldades que os casais gays.

Nos Estados Unidos, 4% das adoções são feitas por casais homossexuais.

Deixo de lado a questão da barriga de aluguel, as mães substitutas.

O debate atual traz à tona a questão do direito e a questão do desejo. A questão do desejo seria que tudo aquilo que é desejável, e no qual há consentimento, é possível. O direito deve acompanhar essa evolução? Há uma mudança no desejo determinado pelo "eu também tenho direito".

O progresso científico possibilita um liberalismo nos comportamentos: o corpo é tratado como objeto e a fecundação torna-se uma ocasião para a compra do filho como um objeto de consumo.

O que conta essa equação é a ultrapassagem do limite. Essa ultrapassagem do limite — seja ele através do esporte ou dos métodos de tratamento da fertilidade — apoia-se naquilo que Testard designa como "ampliar o humano". E o que é ampliar o humano? Testard dá o exemplo das próteses nos corpos das pessoas que tiveram um membro amputado. Essas próteses, graças à inteligência artificial, apresentam um desempenho maior que os membros do corpo que foram retirados. É isso que faz com que Testard diga que um dia haverá pessoas que poderiam vislumbrar a amputação para terem melhor desempenho em termos de esporte.

Ora, isso já aconteceu. Nos anos 1940, Violette Morris fez uma mastectomia para ficar mais confortável ao volante nos carros de corrida. A pergunta, no fundo, é sobre o limite da liberdade. Acreditamos que tudo é possível sem nenhuma determinação anatômica, nem genética? Podemos transformar tudo? O corpo é um objeto como qualquer objeto de consumo?

É preciso distinguir entre liberdade e direito. Livre com seu corpo, mas livre com o direito sobre o corpo do outro. A economia de mercado faz questionar: é suficiente que dois concordem quanto ao direito a algo? O mercado do corpo humano.

O que fica excluído no corpo como objeto de consumo é que, antes de qualquer coisa, o corpo diz respeito à pulsão definida como "o eco no corpo do fato de que há um dizer"[30].

---

[30]LACAN, J. (1975-1976) *O seminário, livro 23: o sinthoma*. Tradução de Sérgio Laia. Rio de Janeiro: Jorge Zahar Editor, 2007, p. 18, aula de 18 de novembro de 1975.

A análise leva em conta a pulsão e a forma como cada um a vive, o que redunda em postular que a análise implica permanecer no humano quando o pendor pela inteligência artificial, forçando os limites do humano, periga nos fazer sair desses limites. É o programa do trans-humanismo.

ANÁLISE
ON-LINE no tempo
da pandemia

Rainer Melo[1]

Neste tempo de pandemia que assola a todos, somos colocados diante da possibilidade do Real da morte. Sem que haja um antídoto contra o vírus mortal, são necessárias e mesmo obrigatórias as medidas de isolamento e distanciamento social, como permanecer em casa por tempo indeterminado. Ouve-se o "fiquem em casa!", enquanto o governo anda na contramão, estimulando a quebra do isolamento — contrário às orientações da OMS (Organização Mundial da Saúde) e do que fazem as demais nações — e provocando aglomerações e tumultos, com as consequências perversas a que temos assistido. Tempos sombrios e de angústia para nós e para o mundo! A angústia, as perdas e o medo se espalham. É o Real que nos assola e do qual temos que dar conta. O sujeito individual, que

---

[1] Psicóloga, psicanalista, membra fundadora da Internacional dos Fóruns do Campo Lacaniano e analista membra da Escola de Psicanálise dos Fóruns do Campo Lacaniano.

é o sujeito do coletivo, se encontra diante do Real da pandemia, do Real do vírus e da morte.

A angústia é Real. Freud, em "Inibição, sintoma e angústia", relaciona a angústia com o perigo e o desamparo, o que descreve como situação traumática. Angústia como um sinal, uma ameaça de perda de um objeto. Freud pontua que a angústia se manifesta em forma de medo de um perigo iminente ou julgado Real[2]. Para ele, a angústia é a reação a esse perigo e trata-se de um afeto em estado de desprazer e que tem aspecto próprio em função das experiências traumáticas infantis. Lacan retoma esse texto de Freud no seminário RSI[3] e afirma que a angústia parte do Real, ela é traumática, a angústia faz um nó nomeando o Real. Constatamos que a angústia, individual e coletiva, está presente neste tempo de pandemia frente à possibilidade do significante morte, e não se sabe até quando.

Diante desse quadro de terror que estamos vivenciando, a psicanálise tem que prosseguir e não pode recuar ou se deter e, para isso, deve valer-se do instrumento virtual para o desempenho de suas atividades, realizando seminários, *lives*, conferências, eventos e mesas de debate nacionais e internacionais, como tenho participado, mas, sobretudo, para o atendimento clínico das demandas de nossos analisantes em suas aflições e angústias. Porque este é o recurso único que

---

[2]FREUD, S. (1926 [1925]) Inibição, sintoma e angústia. In: FREUD, S. *Edição standard brasileira das obras psicológicas completas de Sigmund Freud. Um estudo autobiográfico, Inibições, sintomas e ansiedade, Análise leiga e outros trabalhos (1925-1926)*. Direção de tradução de Jayme Salomão. Rio de Janeiro: Imago, 1996, volume XX, p. 110-111.
[3]LACAN, J. (1974-1975) *O seminário 22: RSI*. Inédito.

temos para atender, dada a impossibilidade do atendimento presencial. É certo que, no atendimento presencial, existe todo o ritual próprio, envolto pelo momento da ida do analisante ao consultório, sua espera na antessala, a porta que se abre e é fechada pelo analista para iniciar a sessão, a sala do analista, o divã, enfim, toda essa ambientação dos elementos presenciais. Quinet[4] nos remete em suas *lives* aos domingos a esses recursos virtuais para os atendimentos das sessões de análise *on-line*, que têm de continuar utilizando os instrumentos que temos neste tempo de pandemia, manejando as transferências e dirigindo as análises. A psicanálise em intensão e extensão tem seu lugar nesta época de quarentena devido ao coronavírus. Temos de continuar!

Como em todos os setores sociais e na vida de cada um, tudo ocorre em um determinado espaço, por algum tempo e em determinada época; fatores que se interligam em ocorrência simultânea. Também em nossos consultórios, em certos dias, recebemos nossos analisantes. Na psicanálise, esses fatores não são mensurados em sua objetividade física. Ao contrário, tais aspectos — época, espaço e tempo — são subjetivos porque são o tempo, a época e o espaço de cada sujeito, revelados pelo inconsciente e trazidos como verdade de cada um, desde o início da análise, na transferência, passando pelas sessões nas quais são contadas as agruras vividas e reveladas pelos analisantes, até o eventual fim de análise. Competirá ao analista acompanhar, analisar e distinguir cada momento subjetivo e pessoal revelado pelo inconsciente do sujeito, que

---

[4]Registros disponíveis em *https://www.youtube.com/channel/UCcrGngFzTEg M2ghhWKl-K8w*. Acesso em 8 de julho de 2020, às 11h20.

é a sua verdade, ocorrida em época, espaço e tempo para, com isso, dirigir a análise e manejar a transferência.

A transferência, como endereçada ao sujeito suposto saber, é uma relação ligada a espaço, tempo e época. Para Lacan[5], o que repete na transferência é algo da *tiquê*, é algo faltoso do encontro com o sexo. O ato analítico é uma resposta a essa estrutura que se opõe a algo falho que escapa à dimensão interpretativa. É dissimulação; na verdade, não é falho, pois de um lado não é falho, é bem-sucedido.

Se, ao cabo do percurso de uma análise, podemos constatar que, ao final de uma transferência, o sujeito se depara com o objeto perdido como sendo a causa de sua divisão, então podemos afirmar que o objeto *a* é um dos nomes do tempo da análise. Podemos dizer que não se perde o que não se tem. Então o tempo se perde.

Para que haja análise é necessário transferência, implicando a presença do analista, ou seja, o desejo do analista que está na causa da transferência e que possibilitará o atravessamento das tapeações imaginárias. A transferência é ligada ao tempo e ao manejo do tempo, condição fundamental no processo analítico. Há o tempo que se abre, o tempo de espera, tempo no começo que determina seu final. E o final é o que estrutura o tempo. E no tempo da pandemia? E as sessões *on-line*? Considero que haja a presença do analista com seu desejo advertido mesmo no tempo da pandemia, através da tela, quando esse se faz presente com sua voz (pulsão

---

[5]LACAN, J. (1964) *O seminário, livro 11: os quatro conceitos fundamentais da psicanálise*. Tradução de M. D. Magno. Rio de Janeiro: Jorge Zahar Editor, 1980.

invocante) que traz seu olhar (pulsão escópica) no espaço real, tornando o trabalho de análise eficaz.

Com todos os limites que possam surgir, penso, entretanto, haver resultados positivos no atendimento *on-line*. O espaço virtual em que o analista e o analisante se encontram, embora diferente do espaço presencial, é um espaço real presentificado na tela pela imagem de ambos e pelas pulsões escópica (olhar) e invocante (voz/ouvinte). Cabe então ao analista conduzir a análise, o analisante fala de suas aflições e angústias e o analista em sua escuta intervém, por vezes afastando-se da tela, fazendo-se presente pelo olhar e pela voz, fazendo o corte e suspendendo a sessão. Enfim, conduzindo a análise diante dos relatos e interpretações (ato), dos sintomas, atos falhos e sonhos — manifestações do inconsciente.

Lacan[6] observa que o se fazer ver, se fazer olhar, se fazer olhado, ver ser visto é uma atividade da pulsão que se concentra nesse se fazer. Prossegue dizendo que os ouvidos são, no campo do inconsciente, o único orifício que não se pode fechar. Enquanto o se fazer ver se indica por uma flecha que retorna para o sujeito, já o se fazer ouvir vai para o Outro. Portanto, o se fazer ouvir leva ao se fazer olhar.

O analista na posição de objeto *a* oferece-se como ponto de mira para permitir a operação que segue em direção dos rastros do desejo de saber[7]. A posição do analista deve ser fazer semblante de objeto *a*, apresentando-se ao sujeito como causa

---

[6] *Ibid.*, p. 184, aula de 20 de maio de 1964.
[7] LACAN, J. (1969-1970) *O seminário, livro 17: o avesso da psicanálise*. Tradução de Ari Roitman. Rio de Janeiro: Jorge Zahar Editor, 1988, p. 99, aula de 11 de março de 1970.

de desejo[8]. Tanto o analista como o analisante precisam estar, para uma sessão virtual, em um local, por mínimo que seja, em que a privacidade de ambos seja resguardada e protegida, onde o analisante se sinta à vontade para seus relatos e manifestações e o analista para sua escuta e intervenções. O analista como efeito é aquele que, ao pôr o objeto *a* no seu lugar do semblante, está na posição mais conveniente para fazer o que é justo fazer, a saber, interrogar o que é da verdade. A análise veio anunciar que há um saber que se baseia no significante como tal[9].

Estamos escutando nossos analisantes. A psicanálise não pode ficar à margem dos acontecimentos que provocam incerteza, medo e impotência. A análise *on-line* já vem acontecendo por alguns como excepcionalidade, mas agora se torna imprescindível. Eu própria venho tendo experiência no atendimento virtual de sujeitos já em análise que residem em cidades distantes e alguns que fizeram demanda neste tempo de pandemia.

É o tempo que constitui o início do tratamento. O sintoma neste momento se constitui no dispositivo analítico, mostrando a hiância do inconsciente. O sujeito vai falar de seu sintoma, de sua vida a um Outro, endereçando-o a um analista escolhido entre muitos. O sintoma pode transformar-se em uma questão enigmática relativa a um saber no campo do Outro. Na estrutura do sintoma, já está incluída a transferência de um significante qualquer. O analista parte do princípio

---

[8]LACAN, J. (1972-1973) *O seminário, livro 20: mais, ainda*. Tradução de M. D. Magno. Rio de Janeiro: Jorge Zahar Editor, 1985.
[9]LACAN, J. (1972-1973) *O seminário, livro 20: mais, ainda*. Tradução de M. D. Magno. Rio de Janeiro: Jorge Zahar Editor, 1985.

que funda a sua prática: a articulação do significante inconsciente, na determinação da cadeia, constitui uma significação do sujeito. O analista é reduzido à função de um significante qualquer nesta articulação, como se comprova nos sonhos e nos lapsos da cadeia significante.

Considero que temos compromisso ético de dar continuidade aos atendimentos da clínica nas sessões *on-line*, diante da angústia do sujeito e de suas demandas, que são, afinal, o objetivo e a razão de todos os nossos trabalhos e do desejo do analista, que se demonstra somente por haver produzido a diferença absoluta em um analisante. Não podemos recuar e nos deter. Temos de prosseguir e fazer se tornar possível a análise *on-line* nestes tempos de pandemia. O que virá depois? As análises e o ensino através dos instrumentos virtuais continuarão? São perguntas que me faço e que, no momento, são difíceis de responder. Mas penso que a análise *on-line* veio para ficar, por certo não como regra, mas para atendimento em casos e situações especiais como atualmente estamos vivendo.

A IMPERFEIÇÃO necessária do ANALISTA

Alba Abreu Lima[1]

> O ser humano sabe fazer dos obstáculos novos caminhos, porque à vida basta o espaço de uma fresta para renascer.[2]
>
> Ernesto Sabato

Estamos diante de um evento que marca uma descontinuidade e que nos causa estupor e pânico. Colette Soler, em *Adventos do Real: da angústia ao sintoma*[3], aborda a questão da angústia nas diferentes conjunturas nas quais ela pode aparecer. Coloca uma dissimetria entre dois termos que podemos tomar para analisar o momento que vivemos:

---

[1] Psicanalista, analista membra da Escola de Psicanálise dos Fóruns do Campo Lacaniano e do Fórum do Campo Lacaniano de Aracaju. Psicóloga aposentada do Tribunal de Justiça do Sergipe e autora do livro *Psicologia jurídica: lugar de palavras ausentes*. Aracaju: Evocati, 2008.
[2] SABATO, E. *A resistência.* Tradução de Sergio Molina. São Paulo: Companhia das Letras, 2008.
[3] SOLER, C. *Adventos do Real: da angústia ao sintoma.* Tradução de Elisabeth Saporiti. São Paulo: Aller, 2018.

- A fobia, que ela põe no singular por fazer referência a um sintoma que organiza o campo libidinal de um sujeito particular. Enquanto sintoma, a fobia seria então uma noção analítica, diagnosticada e estudada na psicanálise. Seria o sintoma que se faz inevitável na primeira infância, uma "placa giratória", segundo Lacan. Nesse sentido já é em si um tratamento da angústia;
- Os pânicos, ao contrário, são no plural porque o pânico obedece a uma temporalidade de eventos incompreendidos que dividem o sujeito ou um grupo. No nível coletivo, a causa dos pânicos é sempre da ordem do acidente, no louco desaparecimento do chefe, dizia Freud. O pânico desarranja, desregula um funcionamento previamente ordenado. O termo vem do deus Pan, que aterroriza e atemoriza os espíritos. Ele é sinônimo de pavor extremo e desorganizador.

De repente fomos todos tomados pelo pânico de um vírus mortal, que se espalha muito rapidamente pelos continentes sem que tenhamos recursos discursivos para apreendê-lo. Todas as nossas acomodações de lugar, tempo, hábitos e pontos de referências pessoais foram suspensas, o horror do imprevisto nos assolou e nos distanciou das coordenadas simbólicas e cada um respondeu de maneira particular ao acontecimento mundial.

Experimentamos todos, de um dia para o outro, acordar para algo que não conhecíamos, forçados a viver no isolamento dos corpos, afetados pelo desamparo do vírus e pelas desigualdades econômicas e sociais que despencam como uma avalanche, principalmente no Brasil.

O medo do Real da natureza — que já vinha se exibindo em nossa época, seja pela falta de cuidado com o planeta, seja pela possibilidade de aparecimento de novas doenças, impondo catástrofes vividas ou anunciadas — agora se escancara. O falante, diz Lacan, costuma dar às doenças ou aos acidentes da vida um sentido, seja aquele da punição ou da perseguição por um Outro obscuro. Desta vez, um Outro invisível e abstrato surgiu no horizonte para nos lembrar da nossa condição de mortais.

Freud advertia, em "O futuro de uma ilusão"[4], que é porque, no inconsciente, o destino, o acaso e, especificamente, a má sorte representam a instância parental, a necessidade de uma crença estaria ligada à busca do homem de se relacionar com o pai, sendo assim, um sentimento de proteção ao desamparo infantil, ao que Lacan chama de Outro. Por isso, o que surge ao sujeito como má sorte não concebe somente a culpa, provoca também acusações paranoides e por vezes posturas de vítima. Em todos os casos, o Outro é sempre convocado a dar sentido ao indecidível.

Sabemos, com a psicanálise, que a angústia não é sem Outro, ela responde ao desconhecido que é o desejo e o gozo do Outro, na medida em que o sujeito se coloca como objeto. Lacan explica em "A terceira" que o Real é o que nos desacomoda de nosso cotidiano e que nos adverte de nossa finitude, mas o analista está aí concernido:

---

[4] FREUD, S. (1927) O futuro de uma ilusão. In: FREUD, S. *Edição standard brasileira das obras psicológicas completas de Sigmund Freud. O futuro de uma ilusão, O mal-estar na civilização e outros trabalhos (1927-1931)*. Direção de tradução de Jayme Salomão. Rio de Janeiro: Imago, 1996, volume XXI.

O instigante de tudo isso é que seja do real de que depende o analista nos anos que virão e não o contrário. Não é de forma alguma do analista que depende o advento do real. O analista tem por missão detê-lo. Apesar de tudo, o real poderia muito bem desembestar, sobretudo desde que tenha o apoio do discurso científico.[5]

Estamos diante do insensato, incalculável, e a morte, que já estava quase esquecida nos últimos tempos (com sua negação, culto ao individualismo e recusa ao envelhecimento), agora retorna dessa maneira trágica. Na condição de psicanalistas, precisamos articular e tentar cernir esse impossível com nosso desejo.

Acreditamos com Freud, a partir de "Inibição, sintoma e angústia"[6], que as situações de perigo são sempre aquelas face às quais o indivíduo está ou esteve sem recursos. O recurso mais primário é a fuga de um perigo exterior. O perigo interno, de uma excitação pulsional ou de desejos que não encontram vias de descarga, não pode se satisfazer sem provocar retaliações inevitáveis na realidade. Lacan traduz com a banda de moebius esse dentro/fora para falar desse traumático do sujeito.

A perspectiva da psicanálise é de que o sujeito exerça sua singularidade, reconheça a alteridade na qual se constituiu,

---

[5] LACAN, J. (1974) A terceira. In: LACAN, J. *Cadernos Lacan*. Porto Alegre: APPOA, 2002, volume 2.
[6] FREUD, S. (1926 [1925]) Inibições, sintomas e ansiedade. In: FREUD, S. *Edição standard brasileira das obras psicológicas completas de Sigmund Freud. Um estudo autobiográfico, Inibições, sintomas e ansiedade, A questão da análise leiga e outros trabalhos (1925-1926)*. Direção de tradução de Jayme Salomão. Rio de Janeiro: Imago, 1996, volume XX.

porém sem o curto-circuito da dor de existir, oferecendo condições para que possa se questionar a angústia e passar ao registro do desejo. Do insensato a uma amarração moebiana, com palavras e ressonando a fantasia, que é o que o sujeito tem de mais singular.

Lacan apregoa que o sujeito é sempre responsável, mesmo que dependa do modo de relação com o Outro. Ainda assim, ele elege sua posição de resposta. Logo, o sujeito nessa pandemia se vê impossibilitado na resposta ao sofrimento, e a política do analista é de sustentar a presença. A função de poder fazer semblante de objeto *a* foi se acomodando ao *on-line* na voz e, em alguns casos, também no olhar atravessado pela tela do computador, para:

- Sustentar a transferência nesse momento, tempo de uma espera;

- Proporcionar ao analisante um espaço para que possa produzir um saber sem se deixar capturar pelo discurso culpabilizador da religião ou dos supostos donos das verdades médicas, que nada mais fazem do que reproduzir o discurso capitalista;

- Tentar sustentar o ato analítico no manejo artesanal da transferência, para produzir uma subversão que implique na presença do Outro como barrado.

Enfim, trabalhar para que possamos ressoar com a interpretação, atravessando o dispositivo *on-line*, algo do gozo de cada um e como cada analisante pode ser amparado em sua angústia.

Em "Subversão do sujeito"[7], Lacan fala da imperfeição necessária do analista e sua ignorância renovada a cada caso como uma questão para o desejo do analista. Por isso, a psicanálise é uma experiência subversiva que conduz o analisante a interrogar o saber universal para conquistar um saber particular.

---

[7]LACAN, J. (1960) Subversão do sujeito e dialética do desejo. In: LACAN, J. *Escritos*. Tradução de Vera Ribeiro. Rio de Janeiro: Jorge Zahar Editor, 1998.

Psicanálise *on-line*: POSSIBILIDADES e LIMITES

Andréa Brunetto[1]

Vivemos sob o jugo de um vírus mortal que nos angustia e ameaça. É um Real que centra a energia de quase todos em sobreviver. Confinados em nossas casas — aqueles que podem e aqueles que apostam nas diretrizes da ciência —, trabalhamos, estudamos e tentamos levar alguma rotina que pareça com a vida de outrora. Além do jugo do vírus, vivemos, sobretudo no Brasil, sob o jugo de um governo que transforma os sujeitos em objetos, alguns aproveitáveis, outros não, assumindo publicamente um lema sanitarista-darwinista, eugenista e, diria também, racista. Um diz que quem tem físico de atleta sobrevive; outro, assessor da economia, que a morte de tantos idosos fará bem para o fator previdenciário; outro

---

[1] Psicanalista, psicóloga e analista membra da Escola de Psicanálise dos Fóruns do Campo Lacaniano, membra do Fórum do Campo Lacaniano do Mato Grosso do Sul e do Ágora Instituto Lacaniano.

indica remédio contraindicado pelos cientistas no mundo todo. E assim vamos, coisificados, tratados como rebotalhos.

Mas insistimos em nossa ética de sujeito, em nossa responsabilidade com a psicanálise, sobretudo com aqueles sujeitos para os quais nossa ética de analista nos convoca. E continuamos atendendo *on-line*, por WhatsApp, por Skype, por telefone. Então, dizer que a análise não é possível *on-line* seria ir contra as evidências que já estão aí. Posso começar dizendo que minha clínica, nesses dois meses, comprova a possibilidade. E escuto a mesma constatação de meus colegas desse fórum e de nossa Escola de Psicanálise dos Fóruns do Campo Lacaniano. Também cito a *live* de Antonio Quinet — número 9, de 17 de maio de 2020[2] —, em que testemunhou que seus pacientes associavam, sonhavam, cometiam lapsos. É possível analisar *on-line*. Mas convém nos perguntarmos por que é possível e quais seus limites.

É preciso sustentar as transferências, esse motor do tratamento que surge como sua resistência mais poderosa, segundo Freud, no texto de 1912, "A dinâmica da transferência"[3]. Nesse texto, ao final, Freud sustenta que não se analisa *in absentia* ou *in effigie*. Isso seria condizente com o que Lacan afirma: é preciso a presença do analista. O analista entra com sua quota "no investimento de capital da empresa comum"[4] — Lacan

---
[2]Registro disponível em *https://www.youtube.com/watch?v=tQnWXBLYnJA*. Acessado em 14 de julho de 2020, às 13h18.
[3]FREUD, S. (1912) A dinâmica da transferência. In: FREUD, S. *Edição standard brasileira das obras psicológicas completas de Sigmund Freud. O caso Schreber, Artigos sobre técnica e outros trabalhos (1911-1913)*. Direção de tradução de Jayme Salomão. Rio de Janeiro: Imago, 1996, vol. XII, p. 112.
[4]LACAN, J. (1958) A direção do tratamento e os princípios de seu poder. In: LACAN, J. *Escritos*. Rio de Janeiro: Jorge Zahar Editor, 1998, p. 593.

fazendo analogia com o capital em "A direção do tratamento e os princípios de seu poder" —, com suas palavras e com sua pessoa. Ele paga, escreve Lacan. E também escreve: investimento, capital, pagamento. Lacan se serve aqui de palavras próprias do capitalismo para sustentar a posição do analista. Não seguirei neste trabalho a análise disso.

É preciso a presença, o corpo a corpo, para uma análise acontecer. Uma análise é, também, além da experiência da palavra, um acontecimento de corpo. Se a experiência analítica é a atualização da realidade — tal é a tese de Lacan, em *O seminário 11: os quatro conceitos fundamentais da psicanálise*[5], proferido nos anos de 1963-64 -, é preciso a presença do analista, é ele que abre o postigo. Lacan faz essa metáfora: a presença do analista abre a "porta" ao saber inconsciente ou, dizendo de outra forma, coloca em ato o fantasma do sujeito.

Mas como o analista comparece como corpo à análise? Como objeto *a*, semblante de *a*, alega Lacan em "A terceira"[6], texto dos últimos anos de seu ensino. E o analisante comparece com seu gozo, construído na língua, na "integral dos equívocos que sua história deixou persistirem nela"[7], sustentou em "O aturdito".

Há uma elisão do corpo dos dois lados, afirmou Colette Soler em seu seminário de 6 de maio de 2020, pela plataforma

---

[5]LACAN, J. (1964) *O seminário, livro 11: os conceitos fundamentais da psicanálise.* Rio de Janeiro: Jorge Zahar Editor, 1988.
[6]LACAN, J. (1974) A terceira. Seminário proferido no Sétimo Congresso da École Freudienne de Paris, aula de 31 de outubro de 1974. Roma. Inédito.
[7]LACAN, J. (1972) O aturdito. In: LACAN, J. *Outros escritos.* Rio de Janeiro: Jorge Zahar Editor, 2003, p. 492.

Zoom[8]. O analista paga encarnando a vestimenta fantasmática do analisante, com o risco de que, se não o vestir, em algum momento, caia a transferência, tal como a periquita de Picasso, que só o reconhece quando ele está paramentado, como alegou Lacan em *O seminário 20: mais, ainda*[9]. Essa vestimenta é a do gozo. Colette Soler disse de um jeito muito bonito nesse seminário: "Como no teatro, por vezes, exageramos, provocamos, fazemos a pantomima. Fazemos figura do fantasma analisante".

Faz falta isso aos analistas por telefone. Então, ainda que o analista compareça como objeto *a*, olhar e voz — por isso, podemos também discutir se fazemos a sessão convocando a imagem ou só a voz —, falta, nas análises *on-line*, essa pantomima do analista, esse teatral que é condizente com o inconsciente do psicanalisante, esse *um* do corpo, unido pelo imaginário, que convoca — remeto ao livro de Antonio Quinet, *O inconsciente teatral*[10].

Quero também deixar claro que a presença do analista não é só o corpo, é seu ato. Também ela tem um limite nas análises *on-line*. Escuto muitos "alô, Andréa, você está aí, está me escutando?". Como saber se um silêncio é um silêncio ou uma linha que se cortou?

Luis Izcovich, em seu seminário sobre o *savoir-faire* do psicanalista[11], entende essa queixa tão frequente como o quão

---

[8]SOLER. C. *Eficácia da transferência diante do sintoma*. Seminário pela plataforma ZOOM, aula de 16 de maio de 2020.
[9]LACAN, J. (1972-1973) *O seminário, livro 20: mais, ainda*. Rio de Janeiro: Jorge Zahar Editor, 1985.
[10]QUINET, A. *O inconsciente teatral*. Rio de Janeiro: Atos e Divãs Edições, 2019.
[11]IZCOVICH, L. *Le savoir-faire du psychananlyste*. Seminário pela plataforma ZOOM, aula 29 de abril de 2020.

fatigante é o atendimento *on-line*, como um esforço suplementar para fazer existir o corpo a corpo. É possível, mas é mais difícil com esse esforço suplementar. E relembra, a seguir, que, em Caracas, Lacan responde a uma pergunta de seus leitores, afirmando que estes poderiam entendê-lo melhor agora que o conhecem do que quando não tinham sua presença. Para Lacan, sustenta Izcovich, a psicanálise não era só uma experiência de leitura, mas de presença.

E outro limite: muitos pacientes não aceitaram fazer sessões *on-line*. Essa quarentena já se estende por meses e parece que durará mais alguns. Sabemos que a transferência é um amor que se joga no presente. Bernard Nominé, tanto em seu seminário do ano passado, fevereiro de 2019, em Fortaleza, quanto em 18 de abril passado, na Praxis Lacaniana, Colégio Clínico de Roma[12] — evento coordenado por Diego Mautino, pela plataforma Zoom -, sustenta que o tempo do objeto *a*, no centro dos nós, é o do presente do presente. Então, pergunto-me qual o efeito desse tempo de espera de meses até o reencontro desses analisantes com o divã. Não sei e não creio que haja uma resposta além daquela recolhida da singularidade de cada caso. Nominé alega que se a análise se joga no presente, este é um contratempo para os tratamentos.

E há outro limite que recolhi dos vários seminários que escutei no último mês: ninguém vai chegar ao final de análise assim. Podemos descartar que possa haver destituição subjetiva.

Estou, neste momento, também dando meu seminário pela plataforma Zoom — o seminário 21 de Lacan. Nele, Lacan

---

[12] NOMINÉ, B. *A transferência no discurso analítico*. Seminário pela plataforma Zoom. Praxis Lacaniana. Colégio Clínico do Campo Lacaniano de Roma, aula de 18 de abril de 2020.

trabalha o texto freudiano "Algumas notas adicionais sobre a interpretação de sonhos como um todo"[13]. É um texto mais tardio e uma revisão de sua teoria sobre os sonhos. O primeiro item desse texto Freud nomeia como "Os limites à possibilidade de interpretação". Ao ocultismo nos sonhos, que Freud chama de trabalho do inconsciente, Lacan chama de Real. E, por isso, em muitos momentos desse seminário, falará dos limites como o impossível do Real.

"Nada para o homem é impossível, o que ele não pode fazer, ele larga."[14] Essa posição de largar o impossível deixaremos aos negacionistas. Não é impossível a análise, ela tem limites, mas tem transferência, tem formações do inconsciente. E tem, também, nosso desejo, de todos aqui, de manter viva a psicanálise, manter nossos laços e nos mantermos vivos. É a nossa contingência do momento diante desse Real.

---

[13]FREUD, S. (1925) Algumas notas adicionais sobre a interpretação dos sonhos como um todo. In: FREUD, S. *Edição standard brasileira das obras psicológicas completas de Sigmund Freud. O ego e o id e outros trabalhos (1923-1925)*. Direção de tradução de Jayme Salomão. Rio de Janeiro: Imago, 1996, vol. XIX.
[14]LACAN, J. (1973-1974) *O seminário 21: os não-tolos erram/os nomes do pai*. Tradução e organização Frederico Denez e Gustavo Capobianco Volaco. Porto Alegre: Edições Fi, 2018, p. 116, aula de 15 de janeiro de 1974.

A "VIA DOLOROSA da TRANSFERÊNCIA" e a análise via *on-line*: esboçando algumas QUESTÕES e uma RESPOSTA

Lia Silveira[1]

Que renuncie antes a isso, portanto, quem não conseguir alcançar em seu horizonte a subjetividade de sua época. Pois como poderia fazer de seu ser o eixo de tantas vidas quem nada soubesse da dialética que o compromete com essas vidas num movimento simbólico.[2]

---

[1] Psicanalista, membra da Escola de Psicanálise dos Fóruns do Campo Lacaniano e do Fórum do Campo Lacaniano de Fortaleza.
[2] LACAN, J. (1953) Função e campo da fala e da linguagem. In: LACAN, J. *Escritos*. Tradução de Vera Ribeiro. Rio de Janeiro: Jorge Zahar Editor, 1998, p. 322.

Um dos motivos de nossa reunião nessa jornada que o Fórum-MS organizou com o tema "Psicanálise e Pandemia" é a tentativa de respondermos à tarefa que Lacan nos legou quando disse que o analista deve estar à altura de alcançar a subjetividade de sua época. Isso não significa, como alguns podem entender apressadamente, que devemos nos amoldar àquilo que o *zeitgeist* anuncia, adequando a psicanálise "a novas formas de terapia, como coaching e terapias curtas"[3], como disse Elisabeth Roudinesco em entrevista recente.

Alcançar em seu horizonte a subjetividade de sua época implica, antes, como ressaltou Colette Soler em seu curso[4], que o psicanalista saiba localizar onde, discursivamente, sua época o coloca. Essa orientação no plano do discurso é importante para que ele possa saber diante de que vai ter que se colocar não para se adaptar, mas para fazer operar o discurso que é o seu, o discurso do analista.

Dito isto, podemos nos perguntar: onde essa época da pandemia nos situa discursivamente? Não é tarefa fácil responder a essa pergunta, tendo em vista que ainda estamos diante de muitas incógnitas. Para o filósofo italiano Giorgio Agamben, por exemplo, estaríamos diante de uma invenção do governo para justificar o estado de exceção, onde "a limitação da liberdade imposta pelos governos é aceita em nome de um

---

[3]ROUDINESCO, E. *Psicanalistas devem se adaptar ao coaching e terapias curtas.* Entrevista ao Nexo Jornal em 23 de setembro de 2016. Disponível em: *https://www.nexojornal.com.br/entrevista/2016/09/23/Elisabeth-Roudinesco-%E2%80%98psicanalistas-devem-se-adaptar-ao-coaching-e-terapias-curtas%E2%80%99*. Acesso em 8 julho de 2020, às 12h19.
[4]Aula ministrada via *on-line* no dia 20 de maio de 2020.

desejo de segurança"[5]. Ou seja, a pandemia do coronavírus não existe. Teria sido inventada para disciplinar os corpos e restringir liberdades.

Se essa tese pode ser considerada, no mínimo, inusitada, num país como a Itália, onde até o momento já morreram mais de trinta mil pessoas[6], no Brasil ela se esfacela ao primeiro choque de realidade. Simplesmente devido ao fato de que, aqui, não estamos diante do exercício de um poder do Estado que impõe limitações ao direito de ir e vir, de realização de eventos, de vigilância dos corpos etc. Muito ao contrário, vivemos sob um governo cujo instrumento de opressão é, antes, um empuxo ao gozo ilimitado, que, no final das contas, é empuxo para a morte. Essa montagem não é marca de um Estado forte, S_1 do discurso, onde o mestre é o agente que vigia e controla, mas de uma torção operada sobre o discurso do mestre antigo, do qual Lacan faz derivar o discurso capitalista: aquele que promove uma ruptura da relação do agente com o outro, que vai ser substituída pela relação com objetos *gadgets*, objetos de consumo, conforme o matema abaixo:

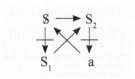

Figura 1: Matema do discurso capitalista[7].

---

[5]AGAMBEN, G. *A invenção de uma epidemia*. Cidade Futura, Florianópolis, 2020. Disponível em *https://www.cidadefutura.com.br/wp-content/uploads/A--inven%C3%A7%C3%A3o-de-uma-epidemia-Giorgio-Agamben.pdf*. Acesso em 8 de julho de 2020, às 12h21.
[6]Número acessado no dia 05 de junho de 2020 (Fonte: Wikipédia).
[7]LACAN, J. (1972) Conferência de 12 de maio de 72 em Milão. In: *Lacan in Italia 1953-1978*. Direção de Giacomo B. Contri. Milão: La Salamandra, 1978.

Esse discurso promove um curto-circuito que elide a passagem pelo lugar destinado a acolher a impossibilidade (ponto que nos outros discursos é situado na linha que vai do agente ao lugar do outro), forçando que a relação se dê entre o agente e o objeto *gadget*, produto do casamento da ciência com o capital. Apoiado na produção tecnológica, nega-se o envelhecimento, eliminam-se doenças, desafia-se a própria morte. Não se trata de negar o avanço da ciência, mas sim de apontar que há um limite para tudo isso, que, se não integrado, retorna na sua face de horror.

Pois bem, no Brasil de 2020, essa política do empuxo ao gozo no discurso capitalista assume sua face mais obscena diante da pandemia sob o lema "O Brasil não pode parar". A imagem que podemos fazer é a de um trem correndo incessantemente sobre trilhos e em cujo sentido contrário começam a surgir pessoas: idosos, aqueles que dependem do trabalho diário para se alimentar, negros, índios..., mas o trem não pode parar. Mais ainda, no governo Bolsonaro, essa política da marcha cega e azeitada do discurso capitalista se junta a uma estratégia de miliciano e a táticas de torturador. Ou seja, aquilo que parece "apenas" uma consequência de uma alternativa econômica passa a se conjugar com práticas que flertam constantemente com a ilegalidade e com a busca deliberada por provocar a angústia (senão a morte) naqueles que são considerados seus "inimigos" por pensarem diferente.

Estamos diante daquilo que o filósofo camaronês Achille Mbembe cunhou com o termo **necropolítica,** ou seja, "as várias maneiras pelas quais, em nosso mundo contemporâneo, as armas de fogo são dispostas com o objetivo de provocar a destruição máxima de pessoas e criar mundos de morte"[8].

Se essas são algumas das linhas que se esboçam no horizonte de nossa época, que consequências elas colocam para nossa prática enquanto analistas? Na escolha forçada entre a bolsa de valores ou a vida, a psicanálise só pode se posicionar eticamente pela segunda opção. E não há vida humana possível fora das condições civilizatórias mínimas. Assim, se em alguns momentos é preciso que a psicanálise venha a esboçar as margens do Real que a ciência foraclui, ela também não pode recair no outro polo, aquele do negacionismo que insiste em que o vírus é "só uma gripezinha". Posicionar-se de forma a suportar o laço social em suas condições mínimas implica, portanto, o reconhecimento das autoridades de saúde. Por isso, ao primeiro sinal de alerta, fechamos nossos consultórios do dia para a noite, sem previsão de quando poderíamos retornar.

Por outro lado, sustentar a psicanálise no mundo também implica saber fazer com os obstáculos que se apresentam em nossa época. Foi assim que, frente ao muro do real que se impôs, a disponibilização da escuta *on-line* veio como resposta em ato, não sem o horror que o caracteriza. A partir daí, várias perguntas foram se impondo: como sustentar uma análise através dessa ferramenta (telefone ou computador) que, à primeira vista, dispensa a presença atualizada do corpo? Como entrar na casa das pessoas num momento em que a ameaça da morte bafeja em nosso pescoço? Num

---

[8]MBEMBE, A. *Necropolítica: biopoder, soberania, estado de exceção, política de morte*. Tradução de Renata Santini. São Paulo: n-1 Edições, 2018, p. 71.

momento tão crítico em que não sabemos nem mesmo se teremos saúde amanhã para continuar ou se teremos que lidar com o luto da perda de entes queridos? Se estamos diante da ameaça mortífera da pandemia, tão vulneráveis quanto aqueles a quem atendemos? Enfim, em que podemos autorizar-nos a seguir sustentando a psicanálise em tempos de confinamento e morte?

Das muitas questões que tenho e que ainda estão em aberto, essa última é a única que consegui responder. O que sustenta o ato é o saber que o analista extraiu de sua própria análise. Autorizo-me, portanto, desse lugar onde sei que a psicanálise vale a pena, pois, ao nos permitir subjetivar a morte (um dos nomes da castração), é a única experiência que abre para uma possibilidade de vida. Uma vida outra que aquela programada pela repetição mortífera do gozo.

Dito isso, abre-se uma pletora de outras perguntas acerca da viabilidade, da efetividade dessa experiência que tem sido debatida pela nossa comunidade e que ainda estará por ser respondida com o que pudermos decantar da experiência. De todo modo, o desafio que se coloca é: como iremos reinventar a psicanálise mantendo a especificidade de seu discurso?

No discurso analítico, o agente, o analista, faz semblante do objeto que condensa para um sujeito sua experiência de gozo e sua causa de desejo e, a partir da instauração da transferência, leva-o a decantar os significantes oriundos do grande Outro, aos quais esteve alienado. O desfecho dessa operação é o efeito de separação que permite ao sujeito tomar esse objeto a seu encargo, fazendo-se, por sua vez, agente do ato.

$$\frac{a}{S_2} \rightarrow \frac{\$}{S_1}$$

Figura 02: Matema do discurso do analista, segundo Lacan[9].

Por colocar em jogo o objeto *a*, objeto que se colore com as experiências pulsionais, uma análise não pode ser tomada como uma experiência de pensamento. Não se trata da fórmula grega do "conhece-te a ti mesmo". A pulsão foi definida por Freud como o conceito situado na fronteira entre o anímico e o somático[10] e por Lacan como "o eco no corpo do fato de que existe um dizer"[11]. Envolve, portanto, algo da representação, sim, mas apenas enquanto fisga também algo do corpo nessa escrita.

A constituição do sujeito se dá no ponto no qual se fecha o circuito pulsional da demanda ao Outro por um objeto, mas que, por sua vez, esboça a margem onde nos deparamos com o enigma do desejo do Outro. Assim, ao insistir no pedido direcionado ao Outro, o que o sujeito encontra é apenas o vazio de um cavo, marcado no corpo pelos significantes que escrevem essa demanda. A resposta neurótica visa recobrir esse vazio com seu fantasma e com seu sintoma: o sintoma como tentativa de formação de compromisso entre aquilo que

---

[9]LACAN, J. (1969-1970) *O seminário, livro 17: o avesso da psicanálise*. Tradução de Ari Roitman. Rio de Janeiro: Jorge Zahar Editor, 1992, p. 27, aula de 17 de dezembro de 1969.
[10]FREUD, S. (1915) *As pulsões e seus destinos*. Tradução de Pedro Heliodoro Tavares. Belo Horizonte: Autêntica, 2014.
[11]LACAN, J. (1975-1976) *O seminário, livro 23: o sinthoma*. Tradução de Sérgio Laia. Rio de Janeiro: Jorge Zahar Editor, 2007, p. 18, aula de 18 de novembro de 1975.

é satisfação para o inconsciente e o que é exigido pelo Eu; e o fantasma como a tela através da qual o sujeito vive sua relação com o mundo, tela que ele cria para se defender de ficar diante desse ponto de suspensão que é a angústia.

No entanto, paradoxalmente, essa combinação entre o sintoma e o fantasma como resposta diante do enigma do desejo também fixa o sujeito diante de uma insistência com o impossível. Podemos imaginar um carrinho de bate e volta que esbarra e recua e volta e bate de novo. Isso porque, ao invés de integrar o impossível, o sujeito crê que é transpondo o muro que ele vai poder encontrar uma satisfação absoluta. Ou, então, ele se deprime, sentado no pé do muro, lamentando aquilo que ele entende como impotência sua em atravessar.

Uma pandemia pode se prestar muito bem a encarnar esse muro, pois ela nos coloca cara a cara com aquilo que só conhecemos em termos lógicos. Como diz Izcovich[12]: uma coisa é saber que "todo homem é mortal". Outra coisa é ouvir que morreram 1.400 pessoas de ontem para hoje. Outra ainda é perder amigos e pessoas próximas. Então a pandemia nos confronta com aquilo que tentamos todo dia esquecer: o fato de que vamos morrer.

Aqui é que entra a importância de uma análise. Ela não promete o adiamento infinito da morte e o gozo permanente. Para cada um, ela inclui um ponto de impossível, ponto este que é singular, e, com isso, consegue o efeito de potencializar a vida. Uma análise pode permitir a alguém delimitar qual a parcela da vida que vai ser possível desviar da necropolítica e

---

[12]IZCOVICH, L. *Les noms du sujet*. Publicação interna do Cours du Collège de Clinique Psychanalytique de Paris. Paris: 2014-2015.

sustentar o querer viver, apesar do impossível, ou melhor, por causa dele.

Assim, se a experiência de análise permite essa "abertura para a vida", como chamei acima, é somente porque opera no real do corpo, intervindo sobre aquilo que programava a repetição mortífera do gozo, introduzindo aí um limite e abrindo para outra forma de viver a pulsão[13].

A invenção freudiana foi ter descoberto que, pela operação da transferência, o analista pode responder de um modo diferente ao ser tomado nesse lugar do Outro a quem vai se pedir um saber. Ao repetir na experiência de análise sua demanda, diz Freud, o analisante tenta "dar **corpo** a suas paixões, sem considerar a situação real"[14].

No seminário que dedica à retomada dos conceitos fundamentais da psicanálise, Lacan[15] vai afirmar que nesse "dar corpo" o que está em jogo é, na verdade, uma atualização da realidade sexual do inconsciente. O que podemos deduzir do encontro entre essas afirmações? É que, se o analisante busca desconsiderar o impossível para dar corpo às suas paixões, o que a realidade sexual inconsciente atualiza é sempre o "não há relação sexual", não há complementaridade entre os corpos. O que há é a repetição do um do gozo sozinho, que não faz laço com o outro. Assim, a presença do analista é que,

---

[13]LACAN, J. (1964) *O seminário, livro 11: os quatro conceitos fundamentais da psicanálise*. Tradução de M.D. Magno. Rio de Janeiro: Jorge Zahar Editor, 2008.
[14]FREUD, S. (1912) A dinâmica da transferência. In: FREUD, S. *Observações psicanalíticas sobre um caso de paranoia relatado em autobiografia ("O caso Schreber"), artigos sobre técnica e outros textos (1911-1913)*. Tradução de Paulo César de Souza. São Paulo: Companhia das Letras, 2010, volume 10, p. 133-146.
[15]LACAN, J. (1964) *O seminário, livro 11: os quatro conceitos fundamentais da psicanálise*. Tradução de M.D. Magno. Rio de Janeiro: Jorge Zahar Editor, 2008.

emprestando seu corpo para que o analisante venha alojar ali o objeto causa de seu gozo pelo tempo necessário até que possa vir a se apropriar dele, vai permitir uma elaboração de outra via para esse impasse.

Mas é apenas atravessando essa "via dolorosa da transferência", como Freud a chamou, que o analisante vai poder experimentar um re-posicionamento do seu programa de gozo. A "via dolorosa", na tradição cristã, é o caminho percorrido por Cristo na experiência de sua "paixão", ou seja, os sofrimentos físicos e psíquicos que lhe são infligidos, até chegar ao Monte Calvário, onde, no auge do sofrimento, ele exclama: "Eli, Eli, lemá sabachtáni?" ("Pai, Pai, por que me abandonaste?"[16])

A via dolorosa de Jesus, sabemos como ela termina. Mas a via dolorosa da transferência, apesar de também conduzir a esse ponto onde o pai não responde, não leva ao sacrifício do próprio corpo ao Outro. Pelo contrário, através do manejo do analista, conduz à constatação de que não há Outro do Outro, restando ao sujeito apenas a decisão ética de se responsabilizar pelo seu desejo e subjetivar seu gozo. Essa experiência envolve, como diz Lacan, com Freud, uma "atualização".

É interessante observarmos com o filósofo Pierre Levy[17] que o "atual" é, na verdade, o contrário do "virtual". Para esse autor, o virtual não é um mundo de faz-de-conta. Ele é, antes, um complexo problemático, o nó de tendências ou de forças, anterior a toda e qualquer atualização. O atual, por sua vez,

---

[16] A BÍBLIA DE JERUSALÉM, N. T. Evangelho segundo São Mateus. In: BÍBLIA. Português. *A bíblia de Jerusalém*. Vários tradutores. São Paulo: Edições Paulinas, 1991, p. 1893, 5ª reimpressão.
[17] LÉVY, P. *O que é o virtual?* Tradução de Paulo Neves. São Paulo: Ed. 34, 1996.

remete ao "pôr em ato" e requer uma localização no "aqui e agora", ou seja, invoca o tempo, o espaço e o corpo.

Então, se, por um lado, não podemos dizer que o atendimento "virtual", via *on-line*, não é apenas uma encenação, também temos de nos perguntar o que faria possível sustentar alguma atualização dessa virtualidade em jogo. Estaremos à altura de continuarmos a sustentar a via dolorosa da transferência pela via *on-line*? É o que vamos poder testemunhar num só-depois.

Mas enquanto me faço essa pergunta, lembro que os grandes museus do mundo estão com visitas virtuais abertas para que possamos apreciar suas obras durante a pandemia. É um recurso interessante, esse do virtual. Permite até mesmo visualizar em detalhes obras como essa que encontrei enquanto realizava minha pesquisa para escrever este trabalho sobre a "via dolorosa".

Figura 3: *Crucificação* (1622). Simon *Vouet* (1590-1649). Óleo sobre tela (375 x 225 cm). Chiesa del Gesù, Genova.

Mas sabe o que essa visita *on-line* despertou em mim? Uma vontade danada de ir lá na *Chiesa del Gesù*, onde a obra "A Crucificação" está exposta. De me sentir pisando nesse lugar onde morou seu pintor — um francês de nome Vouet, que morou por um ano em Gênova e que, como descobri, lá abandonou o caravaggismo para se entregar de vez ao barroco, esse estilo que não economiza nas torções entre desejo, amor e gozo. Na esteira da tradição de Vouet, quero eu também me entregar aos passeios sem rumo pelas vielas históricas dessa cidade medieval, comer um pesto genovês, que dizem ser um dos melhores do mundo, saboreando um dos calcários vinhos da Ligúria, jogando conversa fora num fim de tarde e experimentando aquilo que só colocando o corpo a gente pode saber. É como diz o poeta sertanejo: tem "coisas que pra mode ver, o cristão tem que andá a pé"[18].

---

[18]GONZAGA, L, TEIXEIRA, H. Estrada de Canindé. Intérprete: Luiz Gonzaga. In: *O torrado/Estrada de Canindé*. RCA Victor, 1950, disco 78 rpm.

O **TEMPO** da **TRANSFERÊNCIA**[1]

Bernard Nominé[2]
Tradução de Paulo Sérgio de Souza Jr.

Bom dia, caros amigos. Hoje estou com vocês virtualmente, da mesma forma que vocês estão virtualmente reunidos para me escutar. De fato, estamos todos confinados em casa e é isso que vou tentar fazer com que vocês esqueçam. Assim, através do laço da transferência de trabalho, iremos construir um espaço de trabalho comum.

Vivemos uma época engraçada, um momento de suspensão do tempo, um bendito contratempo. Eu, que vivo correndo para cima e para baixo, sempre com a impressão de que o tempo me falta, agora me vejo com todo o tempo do mundo e fico desnorteado. Estou percebendo que é bem confortável ter a sensação de que falta tempo. Quando se tem todo o

---
[1] Trabalho apresentado durante seminário pela plataforma ZOOM. Praxis Lacaniana. Colégio Clínico do Campo Lacaniano de Roma, aula de 18 de abril de 2020.
[2] Psiquiatra, psicanalista, um dos membros fundadores da Internacional dos Fóruns da Escola de Psicanálise dos Fóruns do Campo Lacaniano, analista membro da mesma Escola e do Fórum do Campo Lacaniano da França.

tempo do mundo, não se sabe o que fazer com isso. Ele se eterniza. Como dizia Shmuel Yosef Agnon: "Conheço o meu relógio: quando estou sem tempo, ele flui e corre. Quando estou com tempo, ele se arrasta e não se mexe".

Isso me leva a retomar uma reflexão que fiz ano passado a respeito do tempo e que vai resultar num livro que já era para ter saído, mas que, haja vista os acontecimentos, deve permanecer confinado por mais algumas semanas.

Vou então apresentar a vocês um trabalho que abordará a transferência através da questão do tempo. Mas, antes de qualquer coisa, é preciso que eu apresente a minha hipótese que faz do tempo um objeto *a*, no verdadeiro sentido lacaniano do termo — isto é, um objeto inapreensível, mas cuja busca orienta todos os nossos dizeres.

Não é uma grande descoberta observar que nos faltam palavras para dizer o que é esse objeto, que nos escapa mas que nos define a todos em nossa forma de ser. Há quem se antecipe, quem esteja sempre adiantado; há, ao contrário, quem conte sempre com um tempo de atraso; há quem só se mova no último momento. Em resumo, haveria toda uma clínica a ser esboçada a respeito do comportamento de cada um em relação ao tempo.

O primeiro pensador que frisou essa dificuldade de apreender o tempo com a palavra foi Santo Agostinho, no Livro XI das suas *Confissões*, no qual ele observa muitíssimo sabiamente que, se a nossa forma de conjugar os verbos distingue três modalidades do tempo (o presente, o passado e o futuro), ele não está convencido de que a gramática esteja certa. Pois o tempo passado é passado, ele não é mais; e o tempo futuro, ele não é ainda. Então Agostinho, astuto, faz uma correção. Há três tempos, justamente, mas eles são os seguintes: o presente do passado, a memória; o presente do futuro, que é a espera, o desejo; e o presente do presente, que é a percepção direta. O que Agostinho quer dizer é que, quando estou falando, estou presente e a minha enunciação se faz no presente, ainda que nos meus enunciados eu esteja me referindo ao passado ou ao futuro.

Antes de encontrar essa referência agostiniana, eu já havia tentado categorizar os três tempos da nossa gramática nos três registros que são o Simbólico, o Imaginário e o Real. Faz sentido: o Simbólico permite a escrita do passado (a História escreverá que 2020 foi o ano da pandemia do coronavírus); o Imaginário é o registro que concerne àquilo que se imagina que vá acontecer, o que se espera ou o que se receia (atualmente há quem imagine que o desconfinamento seja para amanhã e quem se compraza com a ideia de que não se vá sair disso tão cedo); quanto ao Real, é a experiência do puro presente, com a qual é preciso se haver (de modo geral, espera-se que isso passe).

Adaptei, portanto, a astuciosa forma de Santo Agostinho descrever o tempo à minha categorização lacaniana dos três tempos, segundo os três registros da estrutura (Real, Simbólico e Imaginário), o que resulta no seguinte:

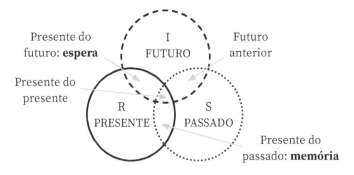

Na interseção do presente com o passado, vocês podem inscrever o presente do passado, isto é, a memória, as lembranças. Na interseção do presente com o futuro, Agostinho nos aconselha a inscrever a espera; e ali é possível colocar tanto o desejo, quando se esperam coisas boas, quanto a angústia, quando se imagina o pior.

Resta ver o que se poderia inscrever na interseção entre o passado e o futuro. *A priori* não se vê o que, a não ser o presente, no sentido de que é o presente que une o passado ao futuro. É esse o sentido da construção agostiniana: o presente do presente, o presente do passado e o presente do futuro. Passado e futuro articulam-se, portanto, em parte graças ao presente; aí está um primeiro indício do caráter, sem dúvida borromeano, da construção que estou propondo. Mas, olhando a coisa de perto, pensei comigo que há justamente uma articulação que existe entre o passado e o futuro; é a hipótese totalmente defensável do futuro anterior, que te faz dizer: "terá sido".

No centro dessa construção, há esse famoso presente do presente, que é um objeto completamente inapreensível, evanescente, pois quando você designa algum momento como presente, ele descamba imediatamente para o passado. É por isso que esse lugar no centro da corrente, que é o lugar do objeto *a* lacaniano, lhe cairá tão bem. É esse lugar que o analisante confia ao analista na transferência. E esse lugar, o analista encarna-o com a sua presença. Ele está ali, presente; e, pela regra fundamental, ele incita o analisante a dizer aquilo que lhe vem à cabeça aqui e agora. A transferência é, portanto, uma experiência que se vive no presente. Se nela se reencena algo do passado do analisante, não é uma simples repetição:

é, como dizia Freud, uma edição revista e corrigida. Logo, é uma forma de amarrar presente e passado, e se está no direito de esperar que essa transferência possa ter consequências para o futuro. Hoje, então, vou examinar com vocês o que é o tempo da transferência.

"A presença do passado", "essa é a realidade da transferência"[3]. Essa fala de Lacan justifica que nos debrucemos sobre a questão do tempo nesse fenômeno que constitui o motor do tratamento analítico, mas que também pode obstaculizá-lo. Freud o chamou de *Übertragung*, que equivale a uma retransmissão, mas que se traduz por "transferência".

No início, Freud emprega o plural. O que ele chama de "transferências" são surgimentos imprevistos de afetos inapropriados, incompreensíveis, que tomam como alvo objetos do presente e que não se podem interpretar, a não ser como reedições, retransmissões de afetos passados que estavam ligados a representações recalcadas, isto é, a objetos do passado. Essas transferências realizam, portanto, uma ponte entre passado e presente. Não há dúvida, para Freud, de que essas transferências são produzidas pela neurose; e ele observa, aliás, que no decorrer do tratamento os sintomas desaparecem à medida que a transferência vai se instalando. É o que ele escreve no final do caso Dora:

> Durante uma terapia psicanalítica, a formação de novos sintomas é — invariavelmente, pode-se dizer — suspensa. Mas a produtividade da neurose não se extingue absolutamente, ocupa-se

---

[3]LACAN, J. (1960-1961) *O seminário, livro 8: A transferência*. Tradução D. D. Estrada. Rio de Janeiro: Jorge Zahar Editor, 1992, p. 175, aula de 1 de março de 1961, tradução modificada.

da criação de um tipo especial de formações mentais, em geral inconscientes, que podemos chamar de "transferências".[4]

Na sequência, Freud falará da transferência, no singular, para caracterizar a relação do paciente com seu psicanalista. Nessa relação, o paciente reproduz com o psicanalista a relação neurótica que ele mantinha com o Outro do seu passado. A questão toda é saber se a transferência não passa de uma retransmissão fiel, uma cópia, ou se ela pode ser o ensejo para uma edição revista e corrigida. Se Freud pôde falar da *"dinâmica da transferência"*, é certamente porque apostava que a relação transferencial é outra coisa que não uma pura repetição do passado. É aí que a presença do analista é decisiva para dirigir o trabalho analisante e fazer com que a transferência seja uma colocação em ato, uma criação, e não uma simples reedição da neurose infantil.

Todos esses desenvolvimentos escritos por Freud a propósito da transferência são bem conhecidos e foram amplamente comentados. De nada serviria oferecer uma enésima versão. Porém, o que frequentemente acontece com a obra de Freud é que, quando ela é lida com a ideia de um fio condutor que se está procurando, aparecem alguns pontos que, sem isso, teriam passado despercebidos.

Assim, ao reler esses artigos de Freud sobre a transferência mirando a temporalidade na experiência psicanalítica, surgiu-me uma leitura possível desse paradoxo tão frequentemente

---

[4]FREUD, S. (1905 [1901]) Análise fragmentária de uma histeria. In: FREUD, S. *Três ensaios sobre a teoria da sexualidade, Análise fragmentária de uma histeria ("O caso Dora") e outros textos (1901-1905)*. Tradução de Paulo César de Souza. São Paulo: Companhia das Letras, 2016, volume 6, p. 312.

mencionado pelo inventor da psicanálise, a saber: que a transferência é, ao mesmo tempo, um motor e um obstáculo ao trabalho analisante. Com efeito, relendo Freud a respeito desse assunto, percebe-se que ele teve muito rapidamente a ideia de que aquilo que obstaculiza o prosseguimento da associação livre é o fato de o analisante levar em consideração a presença do analista.

Sabe-se que ele utilizou primeiramente um artifício herdado de sua prática com a hipnose, operando uma espécie de aplicação das mãos que supostamente faria vir ao espírito do paciente uma imagem, uma ideia que atiçaria o trabalho associativo. Era uma forma metafórica de comunicar ao paciente o seu desejo premente de saber um pouco mais a respeito. Mas percebe-se que, uma vez abandonado esse subterfúgio, ele utilizou um outro que não era menos sugestivo, comunicando ao paciente bloqueado em sua fala que ele o supunha encabulado pelo surgimento de um afeto que lhe dizia respeito pessoalmente. Daí ressurge uma relação inegável entre a transferência e a sugestão.

Freud não se deixa abalar. Ele se explica dizendo:

> Até então admitimos de bom grado que os resultados da psicanálise se basearam na sugestão; mas deve-se entender por sugestão aquilo que, juntamente com Ferenczi, nela encontramos: a influência sobre um indivíduo por meio dos fenômenos de transferência nele possíveis.[5]

---

[5] FREUD, S. (1912) A dinâmica da transferência. In: FREUD, S. *Observações psicanalíticas sobre um caso de paranoia relatado em autobiografia (O caso Schreber), artigos sobre técnica e outros textos (1911-1913)*. Tradução de Paulo César de Souza. São Paulo: Companhia das Letras, 2010, volume 10, p. 143.

O argumento é sutil e merece um instante de reflexão. É como se Freud nos dissesse que a transferência é a resultante de dois componentes: de um lado, a presença do analista; do outro, a resposta a essa presença, pelo fato de a neurose do paciente ser o que produz transferência. Logo, em matéria de transferência, os ônus são partilhados entre o analista, que a induz com a sua presença, e o paciente, que a produz com a sua neurose. Estamos, portanto, na presença de um par de forças que agem simultaneamente para criar um único movimento. Mesmo que seja preciso haver ao menos dois para que haja transferência, há uma transferência só.

Se Freud teve, justamente, a intuição de que a sua presença enquanto analista era decisiva na instauração da transferência, é lendo Lacan que se pode apreender a função da presença do analista. Essa presença do analista — quem diz o termo é ele próprio, e bastante — implica que a transferência se dá no presente e mobiliza este famoso presente do presente que todo dizer tenta apanhar em seu nó. Certamente a transferência se constrói em referência a elementos do passado, com fixações imaginárias e rastros simbólicos; mas o real da presença do analista, ao qual a fala analisante se endereça, oferece a possibilidade de atá-los de outro modo no dizer presente da experiência analítica. Concebe-se, assim, que a transferência possa ser outra coisa que não mera cópia do nó neurótico do analisante; que ela possa ser uma edição revista e corrigida pela atualidade do encontro com a presença do analista. Por fim, então, considero a transferência como sendo essencialmente uma experiência de dizer cuja função que constitui nó é possível de apreender.

Seguramente é o percurso do pensamento de Lacan que me leva a isso. Muito cedo — em seu primeiro seminário, precisamente, em 1954 — Lacan chamou a atenção do seu público para o fato de que a transferência devia ser considerada pelo ângulo de uma experiência de fala. Ele estava comentando, nessa época, um artigo de Herman Nunberg, "Transferência e realidade", publicado em 1951 em Nova York[6]. O autor desse artigo nos mostra, com o auxílio de exemplos, que se o analista sabe desmascarar a tentativa do paciente de reviver o passado no presente, ele pode levá-lo a abandonar essa repetição para se adaptar de uma melhor forma à realidade. Nunberg nos apresenta quatro casos clínicos. Lacan debruçou-se essencialmente sobre o quarto caso, que apresentarei aqui como sendo o do analisante bom aluno.

O ANALISANTE BOM ALUNO

Trata-se de um paciente que Nunberg descreve como um analisante-modelo, que se submetia, da melhor maneira possível, à regra fundamental da associação livre, mas cuja análise não progredia de jeito nenhum, até o dia em que foi desmascarada uma transferência na qual ele assimilava o analista à sua mãe, que lhe pedia toda santa noite, na hora de dormir, que contasse para ela tudo o que ele havia pensado e feito durante o dia. Ela se sentava na cama para escutá-lo; ele fingia dizer tudo, mas estava fora de questão confessar o prazer que ele tinha em observar os seios dela avistados através da camisola.

---

[6] NUNBERG, H. Tranference and reality. In: *International journal of psycho-analysis*, vol. 32, 1951, p. 1-9.

Lacan nos faz observar que o imaginário da cena tapeia o analista, que acaba se assimilando um pouco rápido demais à mãe do paciente, ao passo que a situação é outra. Nunberg não é uma mulher; ele não está de camisola, nem sentado na cama, mas localizado atrás de seu analisante. As coordenadas simbólicas não são as mesmas.

O que é preciso notar é que a fala do analisante fica suspensa nessa fixação imaginária do sujeito fascinado pelo objeto do desejo avistado. A fala fica, então, esvaziada do seu sentido, assim como ela podia ficar nas confissões noturnas com a mãe. E nada mais. "A fala atual", diz Lacan, "como a fala antiga, é colocada num parêntese de tempo"[7]. Essas duas falas têm o mesmo valor. "Esse valor é valor de fala. Não há aí nenhum sentimento, nenhuma projeção imaginária; e o Sr. Nunberg, que se extenua em construí-la, encontra-se assim numa situação inextricável"[8].

Nesse caso, a palavra final dessas duas falas — remetendo à experiência do sujeito confrontado à imagem do objeto do seu desejo — as suspende, fora do tempo, num valor vazio. O que caracteriza a fala vazia é que ela é sem efeito. Foi justamente essa constatação que alertou Nunberg: seu paciente falava, mas a sua fala não tinha efeito nenhum.

Nunberg evoca um outro caso de sua prática para ilustrar a sua tese da transferência como colocação em ato do passado na realidade presente.

---
[7]LACAN, J. (1953-1954) *O seminário, livro 1: os escritos técnicos de Freud*. Tradução de Betty Milan. Rio de Janeiro: Jorge Zahar Editor, 1986, p. 276, aula de 16 de junho de 1954.
[8]*Ibid.*

O HOMEM DA PORTA ABERTA

Trata-se do caso de um analisante que havia terminado a análise há mais de oito meses e que pede para voltar porque anda angustiado e insone desde o nascimento de um filho. Com efeito, desde que a mãe e a criança retornaram para casa, ele está angustiado, chegando ao pânico, e não consegue dormir quando a mulher fecha a porta que dá para o quarto da criança.

O relato desse caso é bastante instrutivo, pois nele se vê que o analista encoraja o paciente a fazer pontes entre passado e presente. Nunberg não hesita em comunicar ao paciente o fato de que se lembra de que, no primeiro período de análise, ele já havia falado de angústias noturnas quando os pais se ausentavam. A isso o analisante acrescenta um elemento significativo: a porta do seu quarto ficava de frente para o dos pais. Ele reivindicava que a porta do quarto dele ficasse aberta para poder vigiar o da mãe. Nunberg lhe interpreta que, hoje, ao deixar a porta do quarto do filho aberta, ele se coloca no lugar da criança que ele era e que queria vigiar a mãe. Precisa-lhe o fato de que ele projetou uma parte do seu eu no filho e que, com a outra, ele se representa como mãe. Nessa montagem em simetria, Nunberg oculta singularmente a questão do pai. Esse paciente, no entanto, acaba de ser pai, e sem dúvida é isso que o assusta.

Caso se leve a sério a proposta de Nunberg, que faz da transferência uma colocação em ato do inconsciente recalcado, então é possível perguntar de que ato se trata nesse retorno do paciente que havia terminado a análise: se não seria o de vir tocar de novo a campainha do analista pedindo que ele deixe aberta a porta da transferência. Ele se refugia, então, numa situação infantil junto de Nunberg, que o encoraja e corre para fechar a porta, sugerindo-lhe uma interpretação edípica em nome do pai que ele encarna para o paciente, cuja função ele não suporta. O paciente se queixava da angústia criada por uma porta fechada, mas será que a angústia não era antes mesmo o sinal de uma porta que estava se abrindo e que a transferência, muito rapidamente, terá fechado?

Esse caso apresentado por Herman Nunberg tem o mérito de formular a pergunta que, desde Freud, é sempre atual: a transferência é uma porta que se abre ou uma porta que se fecha? Reconheçamos que uma porta digna desse nome abre e fecha, se não não é uma porta. Toda a questão é saber como o analista pode intervir nas oscilações dessa porta. Lacan dá uma solução surrealista em seus *Escritos* quando fala do lugar do analista na entrada da caverna,

> a respeito da qual se sabe que Platão nos guia para a saída, ao passo que se imagina nela ver entrar o psicanalista. Mas as coisas são menos fáceis, porque essa é uma entrada a que nunca se chega, a não ser no momento em que ela é fechada [...] e porque o único meio de ela se entreabrir é chamar do lado de dentro.[9]

Mas deixemos de lado essa metáfora da porta para encarar a questão por um outro ângulo. No seu seminário do ano de 1964, sobre os quatro conceitos fundamentais da psicanálise, Lacan frisa o paradoxo da função da transferência que ele nos

---

[9]LACAN, J. (1964 [1960]) Posição do inconsciente no Congresso de Bonneval. In: LACAN, J. *Escritos*. Tradução de Vera Ribeiro. Rio de Janeiro: Jorge Zahar Editor, 1998, p. 852; trad. modificada.

faz apreender ao mesmo tempo como ponto de abertura para o alcance da interpretação e como momento de fechamento do inconsciente. "Aí está", ele nos diz, "o que torna necessário tratá-la como aquilo que ela é, isto é, um nó. Nós a trataremos, ou não, como um nó górdio. Vamos ver"[10]. Em todo caso, Lacan nos anuncia desde essa época que será preciso considerar a topologia desse nó da transferência.

Para constar, lembremos que, segundo a mitologia grega, o nó górdio era a invenção de um lavrador, Górdio, que havia encontrado um meio sutil para fixar a canga de seus bois ao varal da sua carroça. Diz-se que esse nó era muito complexo e que não se via nenhuma de suas pontas. Porém, aconteceu que, na época em que os frígios estavam procurando escolher um rei, seguiram as prescrições de um oráculo que aconselhava a pegar o primeiro homem que eles cruzassem dirigindo pelo caminho. Designado pelo acaso desse encontro, Górdio torna-se rei da Frígia. Não se guardou o seu nome, conhece-se melhor o adjetivo que caracteriza o engenhoso nó do seu carro de bois e o nome do seu filho — nada mais, nada menos que Midas. Em todo caso, em Gordion, capital da Frígia, rezava a lenda que aquele que soubesse desfazer esse nó iria se tornar imperador do universo. Quando Alexandre, o Grande, apossando-se de Gordion, tomou conhecimento da lenda, ele cortou o famoso nó com um golpe de espada. A sabedoria popular conservou a ideia de que saber fazer e desfazer um nó confere certo poder, mas que é inútil procurar desfazer pacientemente um nó górdio, é preciso cortá-lo.

---

[10] LACAN, J. (1964) *O seminário, livro 11: os quatro conceitos fundamentais da psicanálise*. 2ª ed. Tradução de M. D. Magno. Rio de Janeiro: Jorge Zahar Editor, 1998, p. 126, aula de 15 de abril de 1964.

Lacan logo deixará cair por terra essa metáfora da transferência como nó górdio. Que seja preciso cortá-lo não conviria ao que deve se destrinçar pacientemente do laço transferencial. Em contrapartida, pode-se conservar essa primeira abordagem do nó transferencial feita por Lacan nesse seminário do ano de 1964. Se ele tivesse tido notícia da existência do nó borromeano nessa época, sem dúvida teria escolhido estudar a sua topologia. É o que vai acontecer uma década mais tarde; contudo, no meu entender, Lacan não irá utilizá-lo verdadeiramente para desemaranhar a estrutura do laço transferencial.

Se se fala em laço transferencial, é justamente porque se considera que a transferência constitui nó. Esse nó não passa de um efeito de fala; ele se manifesta no presente da relação com alguém para quem se fala, supondo que esse alguém saberá ouvir alguma coisa além daquilo que a ele se diz. Tudo repousa nessa suposição da existência de um além da fala que o ato de fala, ele próprio, poderia, apesar de tudo, apanhar em sua rede. É por isso que o modelo da corrente borromeana de que Lacan se serviu para explicar os efeitos de um dizer conviria justamente para descrever esse fenômeno da transferência que Freud soube decifrar como efeito de um ato de fala.

Antes de encerrar este capítulo sobre o tempo da transferência, será preciso que eu evoque a evolução desse nó no tempo. Se esse nó não é górdio, mas borromeano, ele pode ter a maleabilidade dessa corrente que pode utilizar, indiferentemente, um de seus três registros para amarrar os outros dois. Ter a experiência de que se pode fazer o nó de outro jeito é, no meu entender, o que se está no direito de esperar de um tratamento analítico. O nó transferencial vai se ver modificado, forçosamente. É nesse sentido que Freud pôde falar em *dinâmica da transferência*. Segundo ele, o tratamento se instaura a partir do estabelecimento da transferência, o que tem como efeito dissolver os sintomas, mas isso em benefício da produção de uma neurose de transferência que a análise terá de tratar.

Nessa ótica freudiana, a neurose de transferência é, portanto, o equivalente do sintoma neurótico. Numa ótica lacaniana, atribui-se ao sintoma uma função essencial na amarração com a qual cada um se sustenta. Caso se considere a transferência como sendo equivalente do sintoma, então se compreende a reticência de Lacan em considerar que a transferência possa se liquidar tão naturalmente ao final do tratamento. Mas caso se queira justamente adaptar a dinâmica da transferência à dinâmica borromeana, então se pode considerar que seja possível fazer o nó de outro jeito, sem ter de cortá-lo; que o analisante possa parar de supor o saber no Outro e que ele arque com esse saber insabido; que ele não tenha mais necessidade da presença do analista para continuar a apostar na existência do inconsciente. A transferência vai se deslocar, então, para o seu próprio trabalho e para o trabalho que ele pode partilhar com outros. É o que se chama de "transferência de trabalho", um elemento essencial na constituição de uma escola de psicanálise.

Digamos, para concluir este capítulo, que se a transferência permite revisitar o passado a partir do presente da experiência analítica, ela também condiciona o porvir da psicanálise e, notadamente, a sua transmissão. Se um remate possível para o tratamento analítico é a passagem do analisante a analista, a qualidade de presença do futuro analista dependerá do analisante que ele terá sido.

Para terminar essa conferência sobre o tempo da transferência, pensei em submeter a vocês uma reflexão que estou tentando encaminhar, no momento, a respeito do contratempo que nós, psicanalistas, estamos vivendo atualmente.

A TRANSFERÊNCIA EM TEMPOS DE CORONAVÍRUS

Tudo o que acabo de desenvolver sobre o tempo da transferência poderia se resumir a esta frase de Lacan nos *Escritos*, quando ele assinala que "a transferência é uma relação essencialmente ligada ao tempo e ao seu manejo"[11]. Dito de outro modo, a direção do tratamento supõe certo manejo do tempo que condiciona a dinâmica da transferência. Porém, o que observo neste momento é que estou entravado por condições reais que se impõem no espaço dos tratamentos analíticos e que me impedem de manejar esse tempo como seria preciso.

Desde o anúncio do confinamento, alguns analisantes deram um sumiço, aproveitando de uma contingência do real para suspenderem as suas análises. Ia eu lembrá-los dos seus deveres de analisante, quando bem poderiam me opor seus deveres de cidadão quanto a permanecerem confinados? Eu não.

Outros fizeram como se nada pudesse obstaculizar o prosseguimento de seus trabalhos analisantes. Há, nesses, uma parte de negação do Real, isto é, de negação desse contratempo que a morte representa. Tem uma bela frase que encontrei na pena de Gabriel García Márquez que observa que, para

---
[11]LACAN, J. (1964 [1960]) Posição do inconsciente no Congresso de Bonneval. In: LACAN, J. *Escritos*. Tradução de Vera Ribeiro. Rio de Janeiro: Jorge Zahar Editor, 1998, p. 858.

a maioria de nós, "a morte é um *contratempo* que só acontece com os outros". A palavra "contratempo" é verdadeiramente bem-vinda para frisar que a morte se apresenta como um contratempo em relação ao desejo considerado indestrutível.

Por fim, há os que reapareceram depois de um tempo, perguntando se podíamos adequar o nosso modo de encontro. Aceitei, assim, a ideia das sessões à distância.

Pelo que venho conversando com colegas, percebo que o exercício é delicado por várias razões. Primeiramente, parece-me ser preciso manter uma presença virtual e que ela necessita de um pouco mais do que uma voz no telefone. Daí a ideia de privilegiar um suporte de imagem. Mas essa presença da imagem não deixa de trazer problemas, pois o correspondente se encontra cara a cara comigo e me dá a ver o lado de dentro de onde ele vive, bem como pode monitorar as minhas reações ao que ele diz. Para conservar um mínimo de manejo do tempo, pensei que seria melhor ser eu quem chama, assim como sou eu que vou buscar o analisante na sala de espera, e não ele quem vai entrando no meu consultório. Porém, não me permito muito atraso, contrariamente ao que ocorre na minha prática cotidiana habitual.

Observo que os silêncios são mais insuportáveis do que de costume. Fico me perguntando por quê. Talvez seja porque geralmente, quando se está comunicando com alguém através desse tipo de meio, é porque se tem alguma coisa a dizer. Quando a gente diz o que havia para dizer, desliga. Observo que é, com frequência, o meu correspondente quem me diz — depois de um tempo bastante curto, aliás — que ele não tem mais nada para me dizer. Como se nesse tipo de contato a escansão viesse mais do lado do analisante.

Observo também que eu me sinto mais inclinado a falar para manifestar a minha presença e que manifesto a minha preocupação com aquilo que meus pacientes estão vivendo em suas realidades. Não é, portanto, uma presença habitual de analista. É outra coisa.

Parece-me que aquilo que faço pode se resumir a manter o laço transferencial, assim como esses artistas músicos que dão um jeito de tocar juntos para manter a existência do grupo enquanto cada um está confinado em casa. Trata-se de manter uma ilusão para tornar o Real do isolamento suportável.

O nosso manejo da ferramenta virtual reduz o espaço real. Então, a transferência em tempos de coronavírus me reduz a ter de padecer desse tempo que me pertence menos do que nunca e a privilegiar a transferência como ferramenta virtual para que o laço analítico não se rompa, se os analisantes assim não o quiseram. Mas essa situação não pode se prolongar sem comprometer a dinâmica da transferência.

Roma, abril de 2020

A **COVID** pode bem servir aos **COVARDES**

Daniel Foscaches[1]

Frente ao grande impasse instaurado neste contexto de pandemia, sobretudo em nosso país, devido ao governo ultraliberal a que estamos submetidos no momento, ou seja, "salvar vidas ou salvar a economia", e diante da maneira como a psicanálise compreende o que está para além do sentido na relação entre o sujeito e o dinheiro, exponho essa breve reflexão que pode ajudar na compreensão desse caos que tem nos atormentado e, consequentemente, aliviar um pouco esse mal-estar social e de cada um.

É indiscutível que, em nossa sociedade, o dinheiro é fundamental para a manutenção de nossas vidas, que a economia é importante, que uma pandemia traz e trará impactos também neste campo e que precisamos cuidar disso. No entanto, como

---

[1] Analista praticante, psicólogo, membro do Fórum do Campo Lacaniano do Mato Grosso do Sul e do Ágora Instituto Lacaniano. Mestre em Psicologia.

sabemos, no ser humano quase nada do que é da ordem da necessidade fica sem passar pelo que é da ordem do desejo. Sendo assim, há outros aspectos que ganham espaço nessa discussão e será sobre eles minha argumentação. Para a psicanálise, para além do registro da necessidade, o capital, o dinheiro, tem uma relação direta com a libido do sujeito. Em um sistema capitalista, a libido é contabilizável, há um gozo na mais-valia e, fazendo um contraponto à máxima neoliberal segundo a qual "tempo é dinheiro", podemos afirmar, com Freud, que capital é libido[2].

Para relembrar o que Freud conceituou como libido, ratifico a noção de acordo com a qual a libido é a energia que constitui a pulsão, a manifestação dinâmica no psiquismo da pulsão sexual, no sentido mais amplo que o termo "sexual" pode ter. No inconsciente só podemos encontrar as manifestações da pulsão, o que Freud denominou de representante-representativo, daquilo que, em sua grande parte, é da ordem do significante. Digo "em sua grande parte" porque há partes da pulsão que não se materializam em significantes, que escapam e que vão constituir o que Lacan conceituou objeto *a*. A libido, por sua vez, não tem uma representação própria no inconsciente, mas ela pode ser apreendida na manifestação dinâmica da pulsão em sua satisfação — que é sempre parcial, posto que o objeto da pulsão é sempre perdido — nos sonhos, no sintoma, na alucinação e na sublimação. Essa satisfação, em geral, está associada com uma certa quota de desprazer[3].

---

[2]QUINET, A. *As 4+1 condições da análise*. Rio de Janeiro: Jorge Zahar Editor, 1991.
[3]*Ibid.*

Na clínica podemos observar que os significantes da pulsão se atualizam na transferência, como, por exemplo, a demanda oral ao outro, que inicialmente se dá como apelo ao seio e à alimentação e atualiza-se na demanda de amor e na demanda pela interpretação; assim como a demanda anal feita pelo Outro, como o pedido das fezes ao bebê ressurge na demanda que o analista faz pelo pagamento da sessão. Se estamos afirmando que capital é libido, se a libido tem uma relação direta com a manifestação sexual dos sujeitos, se tudo que é do campo sexual tem correspondência com a significação fálica e, por último, se, no neurótico, o falo é essa significação que sempre falta, que está marcada pela castração simbólica, podemos dizer que a relação que um sujeito estabelece com o dinheiro está intimamente atrelada com o modo como esse sujeito vai lidar com a falta, com o Real da castração[4].

Considerando que a pandemia é uma manifestação explícita do Real, podemos também afirmar que a forma como um sujeito vai lidar com esse fenômeno tem as características da maneira como ele lida com a castração, condição imposta a todos nós enquanto sujeitos da linguagem. Por isso, o que quero afirmar é que, diferente do que os que adotam uma postura "negacionista" tentam demonstrar em discursos que trazem uma aparente valentia — ironizando quem tem medo do vírus, como fez o atual presidente da República, afirmando que a economia não pode parar, não interessa quantas pessoas vão morrer —, essas narrativas são, na verdade, posições marcadas por uma covardia de não querer lidar com a falta,

[4] *Ibid.*

com a castração simbólica, covardia de não querer perder nem um pouco.

Aqui está a covardia no âmbito social e, quando digo que os covardes podem bem se servir da pandemia neste campo social, refiro-me também ao fato de usarem a ocasião para satisfazer seus interesses pessoais, como bem foi dito em uma determinada reunião: "vamos aproveitar o momento para passar a boiada". Outras possibilidades a que temos que ficar atentos são a utilização da crise sanitária como argumento para se fazer mais cortes nas políticas sociais e a tentativa de obter lucros com a produção e o consumo indiscriminado de medicamentos que ainda não têm sua eficácia comprovada, como é o caso da cloroquina.

No âmbito da clínica, esse ato de servir-se da pandemia também pode se expressar naqueles sujeitos que sentem que ao pagarem suas análises estão perdendo dinheiro. Aqui novamente destaco que a pandemia traz impactos econômicos que irão refletir nas condições financeiras de alguns sujeitos para sustentarem suas análises, não podemos desconsiderar esse fato. Porém, o que quero enfatizar neste texto é a resistência, o gozo que se manifesta na repetição como um dos efeitos mais marcantes da pulsão de morte, trazendo a consequência de o sintoma ser caro para o sujeito, como afirma Quinet[5], ao escrever que é muito difícil para um neurótico, sobretudo os obsessivos, transferir seu investimento de um banco seguro, que é o sintoma, para um Outro sem garantias, que é o analista. Nesse sentido, a pandemia pode ser utilizada como um argumento para interromper a análise ou para solicitar a

---

[5] *Ibid.*

redução do preço cobrado pelas sessões, ainda que o sujeito não pare de pagar pelos seus objetos de gozo, revelando-se a covardia de não querer perder, de não querer lidar com a falta e de deixar de gozar com seu sintoma.

Cito como exemplo o caso de um sujeito obsessivo que, no início da pandemia aqui no Brasil, disse ao seu analista que seria preciso reduzir o valor da sessão, pois a família não iria receber a renda habitual em função da crise que se anunciava. Apesar dos riscos disso realmente ocorrer, chama a atenção o fato de que é frequente esse analisante demorar para realizar o pagamento de suas sessões, precisando sempre ser cobrado pelo analista; e o fato de, em seus discursos durante as sessões *on-line*, deixar transparecer que não havia parado de gastar com seus objetos de gozo. Por outro lado, há o caso de uma mulher que relatou ao seu analista, também no início da pandemia, que estava com receio de ir à sessão porque faz parte do grupo de risco e, por isso, seu médico deu-lhe a orientação de sair de casa somente para realizar atividades de extrema necessidade. Ela afirmou então, que, caso o analista continuasse os atendimentos presenciais, ela também continuaria indo às sessões, já que considera a análise uma atividade essencial.

Para elucidar brevemente esse conceito de gozo em Lacan, exponho uma afirmação feita por esse autor[6] segundo a qual o gozo se relaciona com o que Freud anunciava como processo primário, como essa busca do sujeito por uma satisfação pulsional que é impossível, uma vez que, como já dissemos,

---

[6]LACAN, J. (1974) Televisão In: LACAN, J. *Outros escritos*. Tradução de Vera Ribeiro. Rio de Janeiro: Jorge Zahar Editor, 2003.

o objeto que possibilitaria essa satisfação é perdido. Em seu seminário 17, Lacan já havia explicitado essa relação entre gozo, objeto perdido e repetição, afirmando que foi do discurso freudiano que ele extraiu a função do objeto perdido sobre o sentido específico da repetição no ser falante; essa repetição não corresponde a nenhum traço de memória no sentido biológico do termo, mas tem uma certa relação com aquilo que o autor conceitua como gozo. Se o sujeito é aquilo que se representa no trajeto de um significante a outro, Lacan acrescenta que, nesse trajeto, há uma perda, designada como objeto *a*.

> Há perda de gozo. E é no lugar dessa perda, introduzida pela repetição, que vemos aparecer a função do objeto perdido, disso que eu chamo *a*. O que é que isso nos impõe? Não pode ser outra coisa senão essa fórmula pela qual, no nível mais elementar, o da imposição do traço unário, o saber trabalhando produz, digamos, uma entropia.[7]

Retornando ao que estou chamando de covardia, faz-se necessário tentar sanar uma questão que alguns dos leitores possam levantar. Destaco então que esse termo, da forma como o abordo aqui, não tem uma correspondência com a "covardia moral" a que se referiu Lacan ao falar da depressão na citação abaixo.

> A tristeza, por exemplo, é qualificada de depressão, ao se lhe dar por suporte a alma, ou então a tensão psicológica do

---
[7]LACAN, J. (1969-1970) *O seminário, livro 17: o avesso da psicanálise*. Tradução de Ari Roitman. Rio de Janeiro: Jorge Zahar Editor, 1992, p. 46, aula de 14 de janeiro de 1970.

filósofo Pierre Janet. Mas esse não é um estado de espírito, é simplesmente uma falha moral, como se exprimiam Dante ou até Espinosa: um pecado, o que significa uma covardia moral, que só é situado, em última instância, a partir do pensamento, isto é, do dever de bem dizer, ou de se referenciar no inconsciente, na estrutura.[8]

Essa não correspondência precisa ser melhor estudada; todavia, penso, a princípio, que pode ser explicada sobretudo pelo fato de que, à covardia moral, Lacan associa um rechaço do inconsciente marcado por um sentimento de tristeza. Já a covardia a que me refiro neste trabalho pode ser associada a um rechaço do consciente em relação à castração simbólica instaurada pelo inconsciente, não deixando marcas de tristeza no sujeito que a expressa. Essa tristeza aparece no âmbito social como expressão dos sujeitos que não adotam a postura de negação e precisam se deparar com essa postura de traços perversos.

Para finalizar, gostaria de apontar que chama a atenção o fato de que em nações lideradas por mulheres, como Alemanha, Nova Zelândia, Noruega, Islândia e Taiwan, em geral, estamos percebendo, na forma como estão enfrentando a pandemia, maior sensatez e um posicionamento mais ético diante da humanidade. Mais uma vez podemos, então, constatar que um sujeito em uma posição feminina — o que não quer dizer uma correspondência direta com o gênero —, via de regra, demonstra-se mais valente para lidar com a falta

---

[8] LACAN, J. (1974) Televisão. In: LACAN, J. *Outros escritos*. Tradução de Vera Ribeiro. Rio de Janeiro: Jorge Zahar Editor, 2003, p. 524.

e, consequentemente, dispõe-se a agir de um modo mais responsável para consigo e com os outros. Fica aqui uma questão para estudos posteriores: saber se essa postura diante do Real tem relações apenas com as posições feminina e masculina de um sujeito ou se também há influências da estrutura clínica.

A pandemia que nos **QUEBRA**, como **CRISTAIS**

Marisa Costa[1]

Em meio à pandemia, que logo de saída seguiu-se com o imperativo do "fique em casa!", surgem muitas preocupações. Preocupações essas que oscilam, se assim posso reduzir, entre o medo da morte e o medo de quebrar. Embora saibamos, com a psicanálise, que a relação do sujeito com a morte sempre foi uma questão, destarte, o medo da morte é análogo ao medo da castração, uma vez que o ego reage ao ser abandonado pelo superego protetor, de modo que aquele não dispõe mais de nenhuma preservação contra os perigos que o cercam.

Se a angústia for uma reação do ego ao perigo, seremos tentados a considerar as neuroses traumáticas, as quais tão amiúde

---

[1] Psicanalista, membra da Escola de Psicanálise dos Fóruns do Campo Lacaniano e do Ágora Instituto Lacaniano. Mestra em Psicologia e coordenadora da pós-graduação de Clínica Psicanalítica de Freud a Lacan.

se seguem a uma fuga iminente da morte, como um resultado direto de um medo da morte (ou medo pela vida) e a afastar de nossas mentes a questão da castração e as relações dependentes do ego.[2]

O verbo quebrar aqui está sendo usado de forma metafórica como usamos no Brasil para designar uma falência financeira. Ficar sem grana. E é precisamente a partir desta última justificativa que o representante de nosso país, em um ato genocida, não cessa de apelar para que as pessoas saiam às ruas, em seu discurso de que o país não pode parar, que a economia é o mais importante. É o discurso capitalista elevado ao último grau. Sim, sabemos que todos teremos perdas. A psicanálise não é condescendente com a valorização da economia em detrimento da vida. Ao contrário, a lógica do dinheiro na psicanálise acompanha a lógica da castração. Quanto mais pagamos, mais caminhamos em nosso percurso como analistas. O dinheiro não é só poder, mas é também falta. Essa falta é estruturante, a falta é o que nos move, o vazio que causa.

Freud faz uso do termo investimento, fazendo analogia à economia, para falar das questões concernentes à economia libidinal, sua quantidade e intensidade. Porque onde investimos também diz de onde colocamos nossa libido. Se para Freud "Nada na vida é tão caro quanto a neurose — e

---

[2]FREUD, S. (1926) Inibições, sintomas e ansiedade. In: FREUD, S. *Edição standard brasileira das obras psicológicas completas de Sigmund Freud. Um estudo autobiográfico, Inibições, Sintomas e Angústia, Análise Leiga e Outros Trabalhos (1925-1926)*. Direção de tradução de Jayme Salomão. Rio de Janeiro: Imago, 1996, volume XX, p. 152.

a estupidez"[3], que possamos nós investir na vida e não na morte. Decidimos continuar com a psicanálise: tanto com a psicanálise em extensão e no mundo — que acompanhamos na proliferação de tantas *lives*, uma vez que estas fazem jus ao termo, deixando a psicanálise viva — quanto no que se refere à psicanálise em intensão, pois continuamos nossas análises, em nossos "divãs", mesmo que no confinamento de nossas casas.

Como analistas, persistimos com nossa pulsão de vida e, como enfatizou Lacan, marcando que um analista não pode ficar alheio às mazelas de seu tempo e nem mesmo recuar frente às demandas das análises que conduz. Mas esse recurso *on-line* desde o início trouxe alguns estranhamentos: como é mais difícil escutar à distância! Como não cair numa psicoterapia? Irei me deter neste segundo ponto. Muito estudamos, desde Freud, sobre as diferenças entre uma terapia sugestiva e a psicanálise. Esta última propõe-se a analisar o sofrimento em detrimento de apaziguá-lo, embora Laznick nos conte que, ao pedir a Lacan indicação de um psicoterapeuta, ele responde apelando à transferência: "Um psicanalista não tem nenhum motivo para não ser psicoterapêutico àquele que lhe pede isso"[4].

Já nas primeiras semanas de isolamento, escutava muito um comentário a respeito de alguém, seguido de um

---

[3] FREUD, S. (1913) Sobre o início do tratamento. In: FREUD, S. *Edição standard brasileira das obras completas de Sigmund Freud. O caso Schreber, artigos sobre técnica e outros trabalhos (1911-1913)*. Direção de tradução de Jayme Salomão. Rio de Janeiro: Imago, 1996, volume XII, p. 148.
[4] DIDIER-WEIL, A.; SAFOUAN, M. (Org.) *Trabalhando com Lacan: na análise, na supervisão, nos seminários*. Tradução de Claudia Berliner. Rio de Janeiro: Zahar, 2009, p. 62.

questionamento — estaria esse sujeito enlouquecendo? Dou alguns breves exemplos.

Um médico que sente alguns sintomas gástricos, num temor de estar infectado pelo coronavírus, com as mãos sangrando de tanto lavar, tranca-se em um quarto de sua casa e fica recluso de sua esposa e filho ainda pequeno, até o teste sinalizar negativo. O que não se leva em consideração é que esse sujeito sempre fora deveras asseado, preocupado sobremaneira com limpeza, com o hábito de esterilizar tudo, mesmo antes da pandemia.

Um outro sujeito paralisa frente ao ódio em meio ao drama brasileiro que extrapola o campo da saúde e de enfrentamento ao vírus, pois o sintoma do nosso país é ainda maior — é político. Ficar às voltas com esse ódio e não conseguir sair disso aponta para sua história, o ódio que permeou seu infantil, seu romance familiar, desde sempre.

O terceiro exemplo é de uma pessoa que se queixa da solidão na quarentena, quando em seguida lembra-se de que sempre se sentiu sozinha. Ter companhia não evita a solidão. Há um desamparo radical que nos acompanha desde o início da vida, diz Freud. Guimarães Rosa, em *Ave, palavra*, diz: "Eu estou só. O gato está só. As árvores estão sós. Mas não o só da solidão: o só da solistência"[5]. O amor é a saída do ser falante frente ao desamparo do existir, do início ao fim da vida. Nesse sentido, Quinet pontua:

> Assim o amor é a afirmação de ser e da vida. Nas situações mais extremas de ameaça ao ser, ou seja, de risco absoluto

---
[5]ROSA, J. G. *Ave, palavra*. 6ª ed. Rio de Janeiro: Nova Fronteira, 2009, p. 88.

de deixar de ser, de existir, de *not to be*, o que se tem? A declaração do amor. A maioria das mensagens de celulares das pessoas nas torres gêmeas do 11 de setembro antes de se atirar pela janela era: *I Love you!* Primeira e última palavra do ser falante.[6]

Lacan, por sua vez, teoriza a respeito da retificação subjetiva, em que cada um deve responsabilizar-se por sua posição de sujeito, por suas escolhas, pelo que diz, por sua neurose. Lacan aqui retorna a Freud quando este questiona Dora sobre a participação dela naquilo de que se queixa. Desse modo, Quinet afirma que "retificação subjetiva aponta que, lá onde o sujeito não pensa, ele escolhe; lá onde pensa, é determinado, introduzindo o sujeito na dimensão do Outro'"[7].

A pandemia e o choque decorrente dela é mundial, as respostas carregadas de sofrimento ou não frente a ela são subjetivas. O papel do psicanalista seria o de recolher o que sufoca internamente nesse mundo externo. Lembrando que Freud[8] chama a realidade de território estrangeiro externo e o sintoma derivado do recalcado de território estrangeiro interno. Territórios esses que poderão ser contornados através de uma análise em sua busca pela verdade e encontro com um saber. Pois, para Lacan, "A verdade é um movimento de discurso,

---

[6]QUINET, A. I can get, yes, satisfacton. In: BORGES, S.; ABRAMOVITCH, S. (Org.). *O amor e suas letras*. Rio de Janeiro: 7Letras, 2011, p. 31.
[7]QUINET, A. *As 4 + 1 condições da análise*. Rio de Janeiro: Jorge Zahar Editor, 1991, p. 34.
[8]FREUD, S. Conferência XXXI: A dissecção da personalidade psíquica. In: FREUD, S. *Edição standard brasileiras das obras psicológicas completas de Sigmund Freud. Novas conferências introdutórias sobre a psicanálise e outros trabalhos (1932-1936)*. Direção de tradução de Jayme Salomão. Rio de Janeiro: Imago, volume XXII, 1996.

que pode validamente esclarecer a confusão de um passado que ela eleva à dignidade da história, sem esgotar sua impossível realidade"[9].

Dito isso, explico a escolha do tema deste trabalho. Na tentativa de responder a mim mesma se estaríamos enlouquecendo por conta da pandemia, lembro-me de quando Freud evoca em "A psicoterapia da histeria" uma analogia com o cristal, dizendo que "Um grupo psíquico que já tenha sido expelido uma vez desempenha o papel de cristal 'provocador' a partir do qual se inicia, com a maior facilidade, uma cristalização que de outra forma não teria ocorrido"[10]. Isso marca o quanto o inconsciente é repetitivo, o que não é diferente em situações extremas, como quando estamos tomados pelo efeito de um vírus tão contagioso que nos cerceia. Aliás, nesses momentos duros, de pânico, fica ainda mais evidente nossa rachadura enquanto sujeitos castrados. Sabemos pela psicanálise que a repetição do mesmo não é a repetição do idêntico. Inclusive o significante "de novo" é polissêmico, uma vez que remete aos termos novamente e novidade. A "Repetição é uma transferência do passado esquecido", diz Freud em "Recordar, repetir e elaborar"[11].

---

[9]LACAN, J. (1950) Intervenção no I Congresso Mundial de Psiquiatria. In: LACAN, J. *Outros escritos*. Tradução de Vera Ribeiro. Rio de Janeiro: Jorge Zahar Editor, 1996, p. 134.
[10]FREUD, S. Psicoterapia da histeria. In: FREUD, S. *Edição standard brasileira das obras completas de Sigmund Freud. Estudos sobre a histeria (1893-1895)*. Direção de tradução de Jayme Salomão. Rio de Janeiro: Imago, 1996, volume II, p. 279.
[11]FREUD, S. (1914) Recordar, repetir e elaborar. In: FREUD, S. *Edição standard brasileira das obras completas de Sigmund Freud. O caso Schreber, artigos sobre técnica e outros trabalhos (1911-1913)*. Direção de tradução de Jayme Salomão. Rio de Janeiro: Imago, 1996, volume XII, p. 166.

Freud ainda retoma em 1932 a metáfora do cristal na conferência intitulada "A dissecção da personalidade psíquica", dizendo: "Se atiramos ao chão um cristal, ele se parte, mas não em pedaços ao acaso. Ele se desfaz, segundo linhas de clivagem, em fragmentos cujos limites, embora fossem invisíveis, estavam predeterminados pela estrutura do cristal"[12]. Embora esse fragmento do texto seja frequentemente relacionado ao estudo das estruturas clínicas e Freud ainda o inclua na cristalização de catexias objetais do amor, podemos também lê-lo como uma marca que vai do trauma à fantasia.

Assim, para que possamos sustentar as análises nesse momento de tamanha angústia sem nos contagiarmos e sem cairmos numa psicoterapia como as outras, temos que considerar que os sujeitos permanecem falando e quebrando a partir de seus fantasmas e não de outro lugar. A fantasia aponta para o trauma de cada um. Mais do que a questão de uma quebra financeira, o que tenho escutado nesses meses de pandemia é que a fenda que se abre trata-se de uma rachadura que aponta para o fantasma de cada um. Até porque, se a psiquiatria apresenta uma generalização do sintoma, diferentemente, "a psicanálise demonstra que o significado de cada sintoma é sempre particular, sendo necessário construir um saber novo para dar conta daquele sintoma — o que é efetuado a cada vez em uma análise"[13]. E as análises diferem-se

---

[12]FREUD, S. (1932) Conferência XXXI: A dissecação da personalidade psíquica. In: FREUD, S. Edição standard brasileiras das obras psicológicas completas de Sigmund Freud. Direção de tradução de Jayme Salomão. Rio de Janeiro: Imago, 1996, volume XXII, p. 64.
[13]QUINET, A. *A descoberta do inconsciente: do desejo ao sintoma*. Rio de Janeiro: Jorge Zahar Editor, 2003, 2ª edição, p. 121.

da medicina pois trata-se justamente de uma cura pela fala, conforme propôs Freud ouvindo ineditamente as pacientes histéricas.

E se no meio do caminho há uma pedra, uma quebra, um furo, um vírus — não neguemos. Contornemos. Como? Respondo com Freud: "Não há, aqui, um conselho válido para todos; cada um tem que descobrir a sua maneira particular [...]"[14]. Então, seguimos caminhando. Até porque o que devem ser os analistas? "Compensatórios", responde Lacan — os que trabalham para que não falte o ar. Para o autor, "a psicanálise é o pulmão artificial com a ajuda do qual tentamos assegurar o que é preciso de gozo no falar, para que a história continue", nesse mundo irrespirável[15].

---

[14]FREUD, S. (1930 [1929]) O mal-estar na civilização. In: FREUD, S. *O mal-estar na civilização, novas conferências introdutórias à psicanálise e outros textos (1930-1936)*. Tradução Paulo César de Souza. São Paulo: Companhia das Letras, 2010, volume 18, p. 40-41.

[15]LACAN, J. (1974) Declaration a France-Culture. In: *Le Coq-Héron*. Paris, nº 46/47, p. 3-8.

JUVENTUDE do DESEJO e a pandemia

Claudia Wunsch[1]

E sem perceber o tempo, esse tempo sem tempo, apareceu um tempo vestido por uma pandemia, tempo visível e invisível, um vírus, forasteiro, estrangeiro, com um nome: coronavírus. Invadiu o tempo, o ar, os corpos, as emoções, a vida. A vida e a morte. A morte e a imortalidade. Imortalidade para o sujeito do inconsciente, o qual nada sabe sobre a morte. Morte que deixou de ser um evento atado ao acaso, mortes não mais "uma a uma, mas em grande número, frequentemente às dezenas e milhares, num único dia"[2], como relatou Freud em 1914 em seu texto "Pensamentos para as épocas de guerra e morte".

---

[1] Psicóloga, psicanalista, membra do Fórum do Campo Lacaniano do Mato Grosso do Sul e do Ágora Instituto Lacaniano. Pós-graduada em Psicanálise Clínica de Freud a Lacan pela Universidade Paranaense (UNIPAR) de Cascavel.
[2] SCHUR, M. *Freud: vida e agonia*. Tradução de Marco Aurélio de Moura Matos. Rio de Janeiro: Imago, 1981, volume 2, p. 289.

Ninguém acredita na própria morte. O medo da morte aparece quando a coisa se passa com a morte de outra pessoa, diante da morte de pessoas amadas e, ainda assim, estranhas, quando, diante de um número determinado de mortes simultâneas, somos tomados por algo extremamente terrível. "A vida empobrece-se, perde em interesse, quando o prêmio mais alto no jogo do viver, a vida em si mesma, não pode ser arriscado..."[3].

Inconscientemente, estamos convictos de nossa própria imortalidade. Freud, em 1906, abordou o tema da morte e da imortalidade através da obra "Delírios e sonhos na *Gradiva* de Jensen". Seguindo a obra do autor de *Gradiva*, mostrou, através dos sonhos e do delírio de um jovem arqueólogo, aspectos importantes da imortalidade e do paralelo entre a história da humanidade e a história do indivíduo. O jovem Nobert vai a Pompéia e encontra uma jovem que apresenta semelhança com *Gradiva* (uma figura mitológica moderna), reconhece-a imediatamente e trabalha para desvendar o mistério. Era a sua namorada da infância, cuja imagem havia experimentado em seu inconsciente e instigado seu delírio. Zoe era seu nome; para Nobert, pareceu uma gozação, já que Zoe significava vida. Que estranho, diz ela, "o fato de alguém que deva morrer para poder retornar vivo; mas sem dúvida isso deve ser assim para os arqueólogos"[4]. O modo como você me olhava aqui em Pompéia "como algo

---

[3] *Ibid.*, p. 365.
[4] FREUD, S. Delírios e sonhos na *Gradiva* de Jensen. In: FREUD, S. *Edição standard brasileira das obras psicológicas completas de Sigmund Freud.* "Gradiva" de Jensen e outros trabalhos (1906-1908). Direção de tradução de Jayme Salomão. Rio de Janeiro: Imago, 1996, volume IX, p. 42.

que houvesse sido escavado e novamente entrado no fluxo da vida"[5].

Freud comparava o processo psicanalítico à escavação das estruturas escondidas, apresentando o inconsciente como imortal e inalterável à passagem do tempo, com a diferença de que se torna acessível por meio da análise. (Em um lapso eu escrevi por meio da vida e me lembrei de uma citação de Freud: "Se se quiser aceitar a vida, tem-se de preparar para a morte"[6]). Em tempo de quarentena e atendimentos *on-line*, os pacientes falam do seu tempo, seu tempo no inconsciente. Tempo sobre os sonhos, os desejos, o amor e, sim, o medo da morte. Sobre o ímpeto do amor e o medo de ser contaminado. Sobre como se passa nesse tempo, o que passa e sobre o medo do tempo passar. De passar a juventude, o amor, os desejos, o entusiasmo, a vida. No texto "Sobre a transitoriedade", Freud nos ensina que "o valor da transitoriedade é o valor da escassez no tempo. A limitação da possibilidade de uma fruição eleva o valor dessa fruição"[7].

Tempo que se teme, tempo que se estende. Tempo sem encontros marcados, sem corpos grudados, sem abraços enrolados, sem lábios molhados. Tempo isolado, tempo contido. No seminário *O desejo e sua interpretação*, Lacan relata que o desejo "está subsumido num tempo que, como tal,

---
[5]SCHUR, Max. *Freud: vida e agonia*. Tradução de Marco Aurélio de Moura Matos. Rio de Janeiro; Imago, 1981, volume 2, p. 302.
[6]*Ibid.*, p. 368.
[7]FREUD, S. (1916 [1915]) Sobre a transitoriedade. In: FREUD, S. *Edição standard brasileira das obras psicológicas completas de Sigmund Freud. A história do movimento psicanalítico, artigos sobre a metapsicologia e outros trabalhos (1914-1916)*. Direção de tradução de Jayme Salomão. Rio de Janeiro: Imago, 1996, volume XIV, p. 317.

não está lá — assim como tampouco o signo é o desejo -, um tempo que, em partes, está por vir. O desejo tem de enfrentar o temor de não se manter no tempo sob sua forma atual e, perecer, se assim posso me exprimir. A questão não é saber se devemos ou não levar em conta objetivamente o desejo em sua forma mais radical: o desejo de viver, o instinto de vida, como dizemos"[8].

Lacan também diz que a análise nos mostra que esse desejo de viver é, como tal, colocado subjetivamente em jogo no vivido do sujeito. Isso não quer dizer que o vivido humano está sustentado pelo desejo, mas que o sujeito humano leva em conta esse desejo, conta com ele. O elã vital, essa adorável encarnação do desejo humano na natureza, quando se trata dele, o sujeito humano o vê à sua frente e tem medo de que lhe falte. A mediação do desejo com a castração. "A castração significa que é preciso que o gozo seja recusado, para que possa ser atingido na escala invertida da Lei do desejo"[9]. O desejo e o tempo, o tempo e o desejo.

Termino este trabalho com algumas frases de canções sobre o tempo, em especial a do compositor Aldir Blanc, que nos deixou nessa época tão temerosa. Música: "Resposta ao tempo": "Batidas na porta da frente é o tempo, eu bebo um pouquinho pra ter argumento"[10]. Caetano Veloso. Música:

---
[8]LACAN, J. (1958- 1959) *O seminário, livro 6: o desejo e sua interpretação*. Tradução de Claudia Berliner. Rio de Janeiro: Jorge Zahar Editor, 2016, p. 118, aula de 17 de dezembro de 1958.
[9]LACAN, J. (1960) Subversão do sujeito e dialética do desejo. In: LACAN, J. *Escritos*. Tradução de Vera Ribeiro. Rio de Janeiro: Jorge Zahar Editor, 1998, p. 841.
[10]BASTOS, C., BLAC, A. Resposta ao tempo. Intérprete: Nana Caymmi. In: *Resposta ao tempo*. EMI, 1998, CD.

"Oração ao tempo": "Ainda assim acredito ser possível reunirmo-nos, tempo, tempo, tempo, tempo, num outro nível de vínculo, tempo, tempo, tempo, tempo"[11]. E pensando no Caetano, me lembrei do Cazuza: "O tempo não para, não para não, não para"[12].

---

[11] VELOSO, C. Oração ao tempo. Intérprete: Caetano Veloso. In: *Cinema transcendental*. Verve, 1979, LP.
[12] BRANDÃO, A., CAZUZA. O tempo não para. Intérprete: Cazuza. In: *O tempo não para*. Rio de Janeiro: PolyGram e Universal Music, 1988, CD.

Que a **MEMÓRIA** das **SACADAS** não emudeça[1]

Carmen Gallano[2]
Tradução de Fernanda Zacharewicz
e André Luiz Rodrigues

Na Espanha, às 8 da noite, durante esses meses de pandemia, saímos nas sacadas para nos relacionar uns com os outros, não somente para aplaudir os profissionais da saúde, mas para fazer música, para viver, para viver a vida a partir das sacadas. Nas sacadas, tem havido uma criatividade tal que cheguei a derramar lágrimas. Há uma quantidade tremenda de experiências nas sacadas, o que indica que estamos vivos. Por isso, a memória das sacadas se tornou mais do que aplaudir os profissionais da saúde.

---

[1] Esta é uma transcrição feita por Fernanda Zacharewicz e revisada por André Luiz dos Santos Rodrigues da fala proferida no dia 26 de junho em encontro do Espaço Escola da Escola de Psicanálise dos Fóruns do Campo Lacaniano — Fórum Psicanalítico de Barcelona. Algumas modificações foram necessárias a fim de adequar a fala da autora ao registro escrito.
[2] Psicanalista, psiquiatra, membra da Escola de Psicanálise dos Fóruns do Campo Lacaniano e do Fórum Psicanalítico de Madri.

A psicanálise é uma longa e paciente investigação sobre os porquês. É um sintoma revelador do mal-estar da civilização na qual vivemos. Isso foi dito por Lacan na entrevista que concedeu à revista *Panaroma* em 1974, entrevista que foi traduzida como "La dificultad de vivir"[3] ["A dificuldade de viver"]. Eu acrescentaria, agora e antes, que a psicanálise é um transtorno de adaptação, porque não aponta a uma readaptação de um indivíduo humano a seu entorno. Esse título com que traduziram a entrevista de Lacan se deve porque Lacan situa como sintoma social o que funcionava mal no homem daqueles anos. Cito: "Há um grande cansaço de viver como resultado da corrida ao progresso"[4]. E Lacan acrescenta que o medo de não compreender o pânico é o que empurra as pessoas à análise. Estamos em Lacan de 1974.

Como sabemos, a psicanálise não se ocupa com o vírus, a respeito do qual nada sabe, nem com as pandemias; ao contrário, ela se ocupa, pode se ocupar, com o medo dos falasseres. Falasser é um termo muito bom de Lacan, eu o aprendi com Ana Martinez, é uma boa conceitualização dos corpos falantes e gozantes, que estão habitados por um inconsciente. O inconsciente é algo difícil de ser compreendido, mas é ele que determina o sofrer pelo Real que faz sintoma para cada um. De fato, como sempre digo, Lacan define, na dimensão da clínica, que o Real é o impossível de suportar. Mas comprovamos, em nossa prática e na vida, que isso é muito variável

---

[3]LACAN, J. (1974) La dificultad de vivir. In: *Panorama*. Roma, 21 de dezembro de 1974. Disponível em *https://www.iztacala.unam.mx/errancia/v14/PDFS_1/polieticas%20TEXTO%205%20LA%20DIFICULTAD%20DE%20VIVIR.pdf*. Acessado em 7 de agosto de 2020, às 11h56.
[4]*Ibid.*, p. 2.

para cada um, segundo os momentos de sua vida e de sua história. Por isso, na psicanálise, prescindimos das etiquetas diagnósticas promovidas pela psiquiatria e pela psicologia. Prescindimos porque tocamos de perto a particularidade do sintoma, o qual deve ser ouvido e decifrado a partir do inconsciente de cada um e segundo as marcas de sua história vivida, não importando sua estrutura clínica, a qual não é desdenhada pela psicanálise. Os médicos e a medicina, muitas vezes, dão conta do particular adoecer e curar-se do sintoma de cada um. Aqui, efetivamente, há algo particular.

A psicanálise não sabe nada de vírus, não sabe nada de pandemias, tampouco sabe de crises financeiras, como a de 2008 (lembram-se?), nem sabe nada de mudanças climáticas. Mas os psicanalistas, como não estão isolados do entorno em que vivem, têm muito interesse nesses fatos. Por quê? Porque, se, em 1974, Lacan — podemos dizer *a posteriori* — assistia à abundância do discurso capitalista, o que ele chamava de a corrida ao progresso e, naquele contexto, ouvia do que sofriam os sujeitos da época, agora, mais de 30 anos depois, assistimos à corrida acelerada em direção aos estragos devastadores do discurso capitalista. Sim, há progresso e segue havendo, mas a que preço? Ao preço da destruição do planeta e da vida humana. É o que o lúcido pessimismo freudiano chamou de pulsão de morte. Cada vez que nosso olhar se dirige a Freud, seu pessimismo adquire nova vigência, já que o contexto em que ele produziu sua última obra era similar em algumas coisas ao atual. Felizmente, não vivemos em campos de extermínio nem em terras terríveis; vivemos confinados e diante da ameaça de enfermidades, mortes massivas e outros desastres, sobre os quais falarei bem pouco, pois não pretendo debater aqui as metáforas prédicas que se aplicam à pandemia. Elas podem ter mais serventia para os profissionais da saúde que — em hospitais de campanha e com escassíssimos recursos — trabalham desesperadamente para salvar vidas humanas. Entretanto, como a metáfora é um modo de dizer, introduzo minha primeira questão: por que o Real do vírus cai sobre nós como bombas? Seria porque o que não queríamos saber, mas sabíamos, agora se impõe, queiramos ou não?

A meu ver, podemos encontrar alguma resposta no que Lacan formalizou sobre o discurso capitalista, trabalhado a partir do seminário *O avesso da psicanálise*[5], logo após maio de 1968, e afinado até 1972. Tem sido mais visível esse discurso do sofrimento humano, e na vida social, tem sido visível seu êxito como falso discurso, não produzindo nenhum vínculo social, nem regulando os modos de gozo. Também vimos, em Lacan dos anos 1970, mais claramente em "Radiofonia", como o mais-de-gozar equivale à *mais-valia* e como a astúcia das leis de mercado em sua tradução subjetiva no mercado dos gozos está enganando os sujeitos. Contudo, poderíamos, em nossas vidas, em nossa *práxis*, em nossa maneira de nos situar na psicanálise e no social, não pôr o foco no fato de que o discurso capitalista, por ser um falso discurso, não é um tratamento do Real, quero sublinhar isso, não inscreve o Real como impossibilidade lógica, nem situa a barreira da impotência, sobre a qual se apoia a impossibilidade. Por quê? Porque não há separação, como nos outros discursos, entre o produto e a verdade.

---

[5]LACAN, J. (1969-1970) *O seminário, livro 17: o avesso da psicanálise*. Tradução de Ari Roitman. Rio de Janeiro: Jorge Zahar Editor, 1992.

Não há separação entre o produto e a verdade, por isso, não há lugar para a verdade no discurso capitalista, ao passo que, no discurso do analista, o lugar da verdade é essencial. Por exemplo, o discurso do mestre — explico por que hoje traduzo *discours du maître* não como discurso do amo, mas do mestre: não é no sentido de professor, mas no sentido de viga-mestra, aquela que sustenta o edifício, um discurso que sustenta o inconsciente. O inconsciente freudiano é homólogo ao discurso que prevalecia na vida social, aí sim se poderia falar de discurso do mestre no mundo de ontem, como faz, por exemplo, Heidegger — um grande seguidor de Freud e do inconsciente freudiano — e Freud, opondo magistralmente a cultura à pulsão em "O mal-estar na civilização". Freud, com os neuróticos, aprendeu muitíssimo sobre como o sintoma, no discurso da psicanálise, enoda o Real e os significantes, como o inconsciente os oculta e, por isso, como o inconsciente não nos conduz diretamente ao fantasma, mas encobre o Real.

A análise, através do discurso do analista, traz à luz o impossível de que o sujeito e o objeto do fantasma se reúnam. Tal reunião é a aspiração fantasmática, isto é, a aspiração de, ao fim, preencher-se com o objeto. Eu diria que o discurso do amo hoje é a ordem protetora: "Fique em casa!", "Fique em casa, caso contrário você está em perigo!". Pois bem, o anticapitalista do discurso do analista desvela os enganos do discurso capitalista, enganos que levam a consumir loucamente, na promessa de que se alcançará, consumindo, seja o que for. Por que opto por traduzir como discurso do mestre e não como discurso do amo? Porque acredito que o precariado gerado pela miséria crescente no discurso capitalista é muito diferente da escravidão sobre a qual Hegel falou, a escravidão dos tempos antigos, dos gregos, por exemplo, a relação entre o amo e o escravo. *Discours du maître* pode ser traduzido como discurso do amo, mas também como discurso do mestre, isso muda conforme as épocas, e, ademais, o capitalismo mercantilizou o trabalho e o consumo.

Acaso poder-se-ia dizer, hoje, que estaria nas consequências do discurso capitalista o fato de que o discurso do amo continua sendo o inverso do discurso da psicanálise? Penso que não, mas continua sendo uma questão aberta. Creio que é uma questão crucial, porque Lacan, todavia, em *O avesso da psicanálise*, diz isso, ainda que esteja formulando o discurso capitalista. Não quero me estender nesses pormenores, para poder avançar e resumir a hipótese de resposta que dou à minha primeira pergunta. O Real coberto pelo fantasma — como anseio de desejo para cada qual, o mundo, a realidade sustentada pelo Simbólico e pelo Imaginário — é o que cobre a aceleração capitalista, que persiste em sua corrida pelo progresso, apesar das devastadoras guerras, estagnações financeiras e destruição do planeta. Por exemplo, escutei que no Ártico faz 38 graus, se há alguém que não acredita na mudança climática... enfim... Se quiséssemos, poderíamos saber, com tantos estragos, que, como os neuróticos, os que operam o tamponamento fantasmático do real, sofriam, ao mesmo tempo em que faziam o que podiam para não se angustiarem em demasia. Lacan diz que a angústia é o afeto que não engana. Mas também diz que é a única tradução subjetiva do Real e que emerge, às vezes, como explosão no campo do "o positivo é o bom", "o que faz viver é o positivo", como dizem os psicólogos. Não queríamos saber para viver, e, para viver, há que não querer saber às vezes, isto eu sublinho. Por que isso fica mais difícil com a pandemia? O que não queríamos saber do Real despojado do discurso capitalista agora cai sobre nós como algo incompreensível, inesperado, sem sentido e impossível de se evitar. Concordo com Jorge Alemán, que recentemente afirmou que, se a pandemia devastadora explodiu como um barril de pólvora, eu diria e o mundo continua fazendo-o, é porque os fantasmas sobre os quais nos sustentávamos, bem ou mal, fraturaram. Eu acrescentaria, para concluir este ponto, que se desfizeram as costuras, romperam-se os mundos possíveis desejados. Lembro-me de como éramos felizes quando dizíamos que outro mundo era possível. Romperam-se as costuras tanto dos mundos possíveis desejados como dos mundos cotidianos padecidos. Com os mundos cotidianos padecidos, com seus sintomas, os sujeitos lidam mal. Mas é cada vez mais raro encontrar quem quer saber a origem de seus sofrimentos, o como e o porquê. Pânicos, medos e sintomas diversos não faltam. Há uma pletora de terapias hoje que contribuem para o rechaço do fantasma, por exemplo, o consumo generalizado de ansiolíticos e antidepressivos, reforçando o não querer saber nada dos sintomas que fazem sofrer e, assim, seguir vivendo como zumbis. Nós psiquiatras sabemos o hiperconsumo medicamentoso que se generaliza cada vez mais. Se os sintomas individuais não eram alheios nem à condição do falasser nem à época, que deixa marcas traumáticas, agora com a pandemia e o vírus, as marcas traumáticas, com o trauma generalizado, se reavivam e não se cobrem. Como se diz em espanhol, "mal de muitos... epidemias"[6]. Mas vemos

---

[6]Nota da editora: Aqui a autora faz referência ao provérbio espanhol "Mal de muchos, consuelo de tontos". Ele quer dizer que, quando o sofrimento é generalizado, a percepção que se tem do problema é de que ele é menor, isto é, o sujeito se sente consolado por estar na mesma situação que muitas outras pessoas.

muita variedade nas respostas subjetivas, que vão mudando em relação ao trauma generalizado da pandemia. Por exemplo, quando leio na imprensa mais culta, a imprensa chamada progressista — termo cada vez mais discutível —, os anseios de mudança de mundo de uns e de outros, além dessa *parole* que o confinamento faz, que desejamos que seja transitório, o que leio é que para cada um, segundo seu desejo, isto é, para cada um, segundo a trama com a qual reconstrói o mundo de seu fantasma. Para concluir este ponto, sublinho duas coisas: sem desejos, não há expectativas; sem objeto, não se pode suportar a vida.

É a religião, e não a psicanálise, aquela que nos predica que devemos passar por um vale de lágrimas para chegar ao céu. Recordo que Lacan falou da melancolia, acho que no seminário 6[7], como pura dor de existir, dor de existir sem paliativos, algo correlativo ao que acontece quando o desejo se apaga, como vejo muito no pecado ético de melancólicos que não querem pensar, ainda que não suportem viver. Penso que se deve ter cuidado para não confundir que psicanálise com Lacan está sim orientada para o Real, mas isso não pode ser confundido com o convite para se confrontar com o Real do golpe, com os tampões fantasmáticos ou delírios. Logo, Lacan, ao situar o Real na lógica do nó borromeano, não falará nunca em nó do fantasma, mas em nó do sinthoma [*sinthôme*] para a resolução das análises, e isso nos indica que a psicanálise, é uma variação lacaniana, aponta para resultados terapêuticos e não para um mero saber do horror. Para saber do horror, não

---

[7]LACAN, J. (1958-1959) *O seminário, livro 6: o desejo e sua interpretação*. Tradução de Claudia Berliner. Rio de Janeiro: Zahar, 2016, 1ª edição.

faltam notícias. A melancolia é atravessada, na psicanálise, pelo desejo do analista, por exemplo, e por outros desejos, ela não é duradoura. E eu sou orientada pela noção de atravessamento do fantasma para ver se se pode viver de um novo modo o sinthoma, um saber fazer aí de uma maneira própria; não é nada fácil. Em termos de Lacan, é um atravessamento que, por sorte, não é duradouro. Por isso, eu diria que a psicanálise não nos conduz a ficar no Real e que uma psicanálise orientada para o Real nos leva a afirmar que, sem passar pelo Real, não se inventa nenhuma maneira de viver que seja verdadeira. O fracasso do fantasma é a porta de entrada para uma análise. A questão que o analista não sabe e que está a cargo do analisante é como esse sujeito vai se arranjar para encontrar a porta de saída de sua análise. Posso circunscrever mais do que creio que Lacan chamou de sinthoma, sinthoma este que não faz sofrer, mas talvez rir um pouco mais, ainda que dê no mesmo se mudar de atitude, o que costuma ocorrer regularmente até as beiras do impossível. Por isso, eu diria, para concluir este ponto, nem vale de lágrimas nem céu, mas um remendo diferente para fazer nó com seu gozo, é assim que eu entendo o sinthoma.

Segundo ponto: sobre a questão do não querer saber.

Eu entendia o não querer saber da repressão neurótica como algo que retorna, graças à memória do inconsciente, sob a forma de sintomas. O não querer saber da relação obsessiva, muito frequente, eu entendia mais ou menos como o não querer saber do desmentido perverso e da foraclusão psicótica. E, por essa razão, a psicanálise não diz respeito à liberdade, como clamam loucamente por aí, mas sim diz respeito à verdade. Mas o resultado opaco do não querer saber nada, sobre o qual Lacan fala no seminário *Mais, ainda*, no início do capítulo 1, diz que esse não querer saber nada disso está mais distante da massa que escuta, que somos nós, e que o fim de análise chega quando se faz suficiente o não querer saber nada disso. Para mim, era um enigma[8]. Até que o destino me fez encontrar uma conferência de Colette Soler que trata parcialmente do assunto. A conferência está no livro pouco conhecido *¿Qué se espera del psicoanálisis y del psicoanalista?*[9] [*O que se espera da psicanálise e do psicanalista?*], da editora Letra Viva, e se chama "Los usos del saber" ["Os usos do saber"]. É uma conferência de 1998 na Universidade de Buenos Aires (UBA). Leio, então, o que está na página 153: "Não querer saber nada disso é saber e não ter em conta o que se sabe. Lacan não quis saber nada do que ia lhe acontecer quando enfrentou a Sociedade Psicanalítica de seu tempo". É uma leitura do "Não quero saber nada disso", diz Soler, que aproxima o desejo de saber do analista ao saber do cientista, ambos inumanos. Ela o afirma, e eu interrogo: ambos inumanos? O saber do cientista e o do analista? Em que sentido eles são inumanos? Podemos ver em Lacan seu esforço para separar o desejo de saber e o saber que inventa a psicanálise do desejo de saber e o desejo e o saber que inventa o cientista. Saber do que se chama agora a medicina científica e saber da biologia, saber que está mais do que furado como está sendo demonstrado agora: a angústia crescente frente ao furo, frente ao que não se sabe.

---

[8]LACAN, J. (1972-1973) *O seminário, livro 20: mais, ainda*. Tradução de M. D. Magno. Rio de Janeiro: Jorge Zahar Editor, 1985, 2ª edição, p. 9, aula de 21 de novembro de 1972.
[9]SOLER, C. *¿Qué se espera del psicoanálisis y del psicoanalista?*. Buenos Aires: Letra Viva, 2007.

Agora passarei ao meu segundo ponto, porque li as elaborações de Sidi Askofaré. Ele investigou a fundo o assunto, tão a fundo que parece sua tese doutoral para ser professor na universidade de Toulouse, é minha intuição, não sei exatamente. É um estudo muito bom sobre a problemática da ciência no ensino de Lacan. Se me veio a pergunta a respeito do que distancia e aproxima os campos da ciência e da psicanálise, foi à luz de não confundir o real, que se trata de ganhar para o saber da ciência, e o Real, que declara o impossível do saber, uma vez que foi demonstrado, pela psicanálise, que ele não tem nada a ver com o vírus, por exemplo. É um assunto difícil, e tenho lido muitas confusões dos analistas a respeito do Real, como se o real da ciência e o Real da psicanálise fossem a mesma coisa. De modo algum. É a minha tese. Bom, a tese de Lacan e a de Freud. Recomendo o artigo de Sidi Askofaré publicado no primeiro número da revista *Heterité*, de 2001, chama-se "De la science à la psychanalyse"[10] ["Da ciência à psicanálise"]. Recomendo-o fortemente.

Minha reflexão parte de uma leitura dos textos de Sidi, de Michel Bousseyroux e de uma leitura do texto "A nota italiana", de 1973. Cito o que diz Lacan: "Existe saber no real. Ainda que, este, não seja o analista que tem de alojá-lo, mas sim o cientista. O analista aloja um outro saber, num outro lugar, mas que deve levar em conta o saber no real"[11]. Há analistas, entre os que me relatam, refleti muito sobre isso, que

---

[10] ASKOFARÉ, S. De la science à la psychanalyse. In: *Heterité*. Paris: Les Forums du Champ lacanian, número 1, 2001. Disponível em *http://www.champlacanien.net/public/docu/1/heterite1.pdf*. Acesso em 7 de agosto de 2020, às 13h10.
[11] LACAN, J. (1973) Nota italiana. In: LACAN, J. *Outros escritos*. Tradução de Vera Ribeiro. Rio de Janeiro: Jorge Zahar Editor, 2003, p. 308.

separam radicalmente o saber do real, com o qual se ocupa a ciência, e o saber do lugar da verdade, com o qual a psicanálise se ocupa. Saber do inconsciente que gera a psicanálise. Assim, Lacan empurra o saber da condição humana ao saber da estrutura, mais além da verdade que cada qual pode alcançar, muito limitada, *nãotoda*, como sabemos, na assunção do Simbólico e do Imaginário. Com Lacan, descobriremos, pondo clareza lógica nas intuições freudianas, que o saber é assunto do gozo, abordado em todo o seminário *Mais, ainda*, e que o saber da estrutura está furado pelo Real, mas que no saber há gozo. Há um impossível também na relação com o saber, sexualidade e morte, já dizia Freud; *il n'y a pas de rapport sexuel*, já dizia Lacan, não há proporção sexual, não há relação sexual, modos distintos de abordar a mesma coisa. Mas há fundamento, em Lacan, para estabelecer a oposição — com a qual ele se ocupou muito ao longo de seu ensino — entre a ciência e a psicanálise. Nem ele, nem Freud, nem Marx foram idealistas, tampouco sejamos nós agora idealistas, fazendo da ciência um novo ideal.

Bem, falei antes de analistas que dizem que a psicanálise não se ocupa absolutamente da ciência. Um exemplo desses analistas que se inspiram em Freud e Lacan. Tive a oportunidade de ler um artigo, enviado por um amigo artista, uma entrevista muito conhecida chamada "The real real" e que justamente não tem nada a ver com o Real. É uma entrevista com Jamieson Webster[12], promotora de um grupo de vários

---

[12] GINGERAS, A. M., WEBSTER, J. The real real. In: *ARTFORUM*. Nova Iorque, 5 de maio de 2020. Disponível em https://www.artforum.com/slant/jamieson-webster-and-alison-m-gingeras-discuss-psychoanalysis-during-the-pandemic-82992. Acesso em 7 de agosto de 2020, às 12h08.

analistas, não os conhecia, nem sabia que existiam. Ela esclarece como a psicanálise está contra a negação de perigo da doença e da morte e, como aponta, há neuroses e psicoses que podem melhorar com a pandemia. Estou de acordo com o seguinte: sim, o vírus é a causa do medo e o confinamento é obrigatório, o isolamento então já não é enigma a quem melhora, seja para delirar e compreender, seja para saber daquilo que sofre sem compreender. Mas há quem piore, comprovadamente, ou seja, as coisas nem sempre funcionam assim. Razão ela tem quando diz que a psicanálise não promete narrativas salvadoras, nem fármacos virtuais, aquilo que se chama de *togetherness*, o estar juntos — posso falar das sacadas —, é um rito chinês; não sei por que falamos chinês, se os chineses não promovem absolutamente o *togetherness*. O que não fica claro na fala desses psicanalistas é o porquê — e as pessoas dizem —, mesmo com o Zoom, a distância entre os corpos, mesmo com as sacadas e as relações virtuais, podem ter efeitos subjetivos graves em alguns.

Por isso, não concordo com os psicanalistas que dizem "Vamos esperar que acabem as coisas e voltemos a ter pacientes. Nada de usar Zoom nem tecnologias virtuais". Dizem: "Temos que ver como o vírus devasta. Isso não é assunto da psicanálise. Sem mais". E ficamos em casa esperando. Pois eu digo que não, e eu estou confinada em casa, como todos vocês. Porque, ainda que houvesse neuróticos tendo a experiência do inconsciente antes do confinamento, e já vivíamos numa cultura que promovia que o melhor gozo é oferecido pela tecnologia, por exemplo, aparatos para a masturbação como o *satisfyer* foram o maior sucesso de vendas no Natal. Vou mais longe: no *El País* semanal, em um artigo chamado

"Sororidade es poder" ["Sororidade é poder"], preparatório para um tipo de feminismo vendido para o 8 de março, em seção que se chama "Descubriendo el clítoris" ["Descobrindo o clitóris"], um sexólogo da moda afirma que, no sexo, o parceiro é apenas mais um brinquedo, utilizemo-lo. O corpo do outro é instrumento de gozo, nada mais. Isto é anterior à pandemia. E, assim, diz-se que, se uma em cada três mulheres heterossexuais não conseguiu chegar ao orgasmo com o parceiro, é porque há uma brecha de gênero. Esses são os novos estilos de significantes mestres do sexo, alheios, claro, ao saber do inconsciente. Então, não há neurose. A mensagem para as histéricas contemporâneas era que novos sintomas interpelam a eficácia de seus significantes amos.

Os afetos enigmáticos, as novas formas de angústia, de melancolia, de mal humor atestam que o Real não pode ser esquecido com *gadgets* ou com masturbações ou com *satisfyers*, e isso funciona ainda menos no que tange às mulheres. Na clínica atual *on-line,* é tangível tanto a libido para os corpos, para alguns, quanto exatamente o contrário: observamos o fantasmático que se alimenta com o discurso capitalista e a tecnologia, e o sintomático que se choca contra o "Não há lei". De modo que "A bolsa ou a vida" não funciona com o discurso capitalista. Entre a bolsa ou a vida, o que falei em Valencia, quem não elegeria a vida? É o exemplo com o qual Lacan ilustra a eleição do sentido na alienação significante, que funda a estrutura de inibição do sujeito. Tudo, ele acrescenta, que no inconsciente está o fator letal, e vemos nesse sentido a pulsão de morte de gozos nada prazerosos e destrutivos, que estranhamente anima alguns humanos mais do que o desejo, a muitos. E sem liberdade, sem um pouco de bolsa, sinto muito, mas não se pode viver. E aí, por um lado, vê-se como o discurso capitalista, em sua corrida acelerada pelo progresso, adoece o neurótico, e, por outro, o fator letal, acrescido já antes da pandemia, porque há vida que entranha a morte e a fadiga de viver — sim, podemos dizer que é fadiga de viver — numa corrida acelerada, mas também pode ocorrer a fadiga de não viver, mesmo que muito precariamente. Não é por acaso que Lacan sublinha que o essencial do *vel* alienante é o fator letal, não o sentido[13].

Encontrei um artigo no qual Fernando Vallespín, no *El País* de 13 de junho[14], fala da ética de Max Weber e, deduzo, que ele sabia da divisão estrutural do sujeito quando disse eleger a ética da responsabilidade frente à ética da convicção. Por um lado, diz Weber, "A imagem da ciência é a de um reino transmundano de abstrações artificiais que tentam apresar com suas mãos secas o sangue e a seiva da vida real sem chegar a apresá-la". Mas "o resultado é a alienação do mundo" pela "racionalidade instrumental", e isso nos traz uma perda que retorna. "Os velhos deuses se levantam de suas tumbas [...] E a pessoa deve decidir qual será Deus para ela e qual será demônio". Ele fala também das consequências políticas correlatas, mas não vou falar disso agora.

Penso que temos que saber que a eleição da ética da responsabilidade, mais próxima da psicanálise, temos que

---

[13] LACAN, J. (1964) *O seminário, livro 11: os quatro conceitos fundamentais da psicanálise*. Tradução de M. D. Magno. Rio de Janeiro: Jorge Zahar Editor, 1988, p. 202, aula de 27 de maio de 1964.
[14] VALLESPÍN, F. Ética de Weber para tempos de pandemia. In: *El País*. Madri, 13 de junho de 2020. Disponível em *https://brasil.elpais.com/ideas/2020-06-13/etica-de-weber-para-tempos-de-pandemia.html*. Acesso em 7 de agosto de 2020, às 12h17. As citações subsequentes do parágrafo estão nesse artigo.

sabê-lo para não nos assombrarmos ao receber pacientes que estão na ética da convicção, com suas precárias vidas solitárias, ou aqueles que demandam vínculos com *satisfyers* diversos. Nós analistas não julgamos o fato de que alguns gozos, a longo ou a curto prazo, são letais. São os próprios sujeitos que sofrem se julgam letais seus gozos. Porque a contrapartida sintomática os leva a pedir auxílio, muito frequentemente, sem vontade de compreender do que têm medo, ou o que ameaça suas expectativas, ou o que os devastou traumaticamente. Não nos surpreendamos, assim, com o fato de que não gostem de saber e com o fato de que peçam remédios, ainda que o que separa a psicanálise de outras terapias é o desejo de saber. Não é o saber da verdade, eu diria, melhor que o letal de alguns gozos? Quando alguém o descobre, torna-se analisante. O saber da verdade é melhor do que o letal de alguns gozos. Gozos nocivos, neuróticos ou psicóticos — não vou entrar hoje em pulsões clínicas, mas essa diferença continua me parecendo determinante tanto no destino dos sujeitos quanto em suas curas, segundo o enfoque, às vezes, muito difícil, porque saber da psicose não exclui saber que não é fácil limitar suas ânsias de liberdade, acompanhadas, por isso, de tanta morte subjetiva. Ter em conta que há saber no Real do gozo, algo sem sentido. Esse sentido habita a pulsão de morte no inconsciente, me parece, é o que propõe Freud. E isso nos leva a ser menos otimistas na psicanálise, mas também — por isso, menos otimista e não cair no realismo do desejo, que anima sempre saídas no horizonte, tal é a pulsão do fantasma — nos leva a ser menos sectários, a aceitar o discurso do analista que considera o Real como impossibilidade que se mostra e a impotência de que há significantes incapazes de fechar o saber inconsciente. Por isso, por favor, não sejamos tão sectários. Levemos em conta a impotência do significante.

Não é estranho que Lacan se interrogue, em 1969, se seremos ou não capazes, o discurso do analista, de gerar um novo estilo de significante amo. Eu diria um novo estilo de significante amo, então, como no domínio do discurso e seu suporte, isto é, quando pensava que alguma ordem significante pudesse configurar a viga-mestra de uma ordem mais habitável e menos destrutiva. Aquilo que eu disse: "Não há lei", ou seja, acabou o discurso do amo nesse aspecto. Leiam a página 168, ali está a aposta de Lacan, esse desejo de que o analista possa gerar como produto um novo estilo do significante amo[15]. Ele diz: "seja ele ou não de outro estilo, não vamos saber tão cedo qual é"[16]. Utopia realista? A meu ver, é questão de ética no uso do saber, tanto na psicanálise quanto na ciência, porque o uso do saber permite que os significantes amos — destrutivos, fontes de violência, traumáticos, sem sentido — caiam fora do sujeito. O uso do furo no saber e da impossibilidade por parte do desejo do analista pode nos reduzir a restos de gozo, portadores de repetição e marcas saciadas, que não se reúnem jamais com a verdade do saber inconsciente. Isso é uma pergunta.

De modo que o meu terceiro ponto de hoje é apenas um início de interrogação a respeito da ética do saber da psicanálise e a ética do discurso da ciência. Graças ao estudo de Sidi Askofaré, aprendi, um pouco mais agora, que a ciência em si

---

[15] LACAN, J. (1969-1970) *O seminário, livro 17: o avesso da psicanálise*. Tradução de Ari Roitman. Rio de Janeiro: Jorge Zahar Editor, 1992, p. 156-171, aula de 10 de junho de 1970.
[16] *Ibid.*, p. 168, aula de 10 de junho de 1970.

não é boa nem má, para dizê-lo de forma simples. Lacan a critica em seu afã de se separar da psicanálise, mas, a tempo, ele se dá conta de que a psicanálise não prevalecerá no mercado dos saberes se não alcançar a legitimidade científica do transmissível. É aí que penso que Lacan é um analista que não separa a importância do real da ciência da verdade da psicanálise. Se não é transmissível, diz, não permanecerá no mercado dos saberes, ele o diz na "Nota italiana"[17].

Desde o seminário ...*ou pior*[18], ele se interessa mais pela lógica e pela topologia, e, logo, isso se torna mais difícil, especialmente para os sujeitos histéricos, que mantemos uma relação com o saber que não é alheia em nada à falta de desejo. Lacan definirá a lógica, com o modelo matemático, como ciência do Real. A lógica matemática na qual se baseia Lacan não é qualquer lógica, é a lógica dos teoremas de Gödel, a lógica da incompletude, da inconsistência, ou seja, a lógica proposicional e outras lógicas, examinadas antes de abordar a topologia do nó borromeano. Não sei muito dessas lógicas, mas me dei conta de que ele está buscando uma lógica como ciência do Real, ele o diz explicitamente, porque parte de duas premissas: o sujeito da psicanálise é o sujeito da ciência; e a psicanálise não é uma ciência, é uma *práxis*. Depois, não podemos confundir a ciência com a psicanálise, pois elas não se ocupam com o mesmo real — com o real da ciência, por exemplo, agora se ocupam os biólogos e pesquisadores, que buscam a vacina contra o coronavírus, eles buscam saber

---
[17]LACAN, J. (1973) Nota italiana. In: LACAN, J. *Outros escritos*. Tradução de Vera Ribeiro. Rio de Janeiro: Jorge Zahar Editor, 2003.
[18]LACAN, J. (1971-1972) *O seminário, livro 19: ...ou pior*. Tradução de Vera Ribeiro. Rio de Janeiro: Jorge Zahar Editor, 2012.

o real para dominá-lo, assim esperamos, por isso, não deixamos de suspirar pela vacina e tomara que encontrem logo e, enquanto isso, que os médicos encontrem tratamentos eficazes para os terríveis sintomas provocados pelo vírus. O saber da ciência não é produzido pelos poderosos. Não são os poderosos ou os empresários que produzem as vacinas, mas os humildes pesquisadores, que não são também os *experts*, estes a serviço dos poderes políticos. Há sujeitos, dirá Lacan, que, assemelhados ao sujeito histérico, estão animados pela paixão de saber o que não se sabe e, de fato, alguns quiseram saber e já sabiam o que se avizinhava com essa pandemia, mas os poderes não lhes deram atenção. Lacan, nessa entrevista de 1974 à *Panorama*, estranhamente situa — isso chamou a minha atenção — a ciência no mesmo lugar do discurso histérico, porque diz que os cientistas não conseguem ficar numa posição insustentável, da mesma forma que as tarefas impossíveis que Freud citou: educar, governar e psicanalisar. Tarefas impossíveis que logo Lacan formalizará como discursos, tratamentos do Real, geradores de ideologias, de regulação de laços sociais que dominam os corpos e seus gozos. Pois bem, é a única vez — e em "A terceira"[19] ele diz indiretamente —, creio, que considera que o discurso da ciência, ele o diz em "Televisão"[20], tem quase a mesma estrutura do discurso histérico. Mas, a meu modo de ver, há uma diferença muito clara. O cientista produz, ele próprio, o saber e faz-se sujeito produzindo o saber, buscando-o. Mas o discurso científico

---

[19] LACAN, J. (1974) A terceira. Seminário proferido no Sétimo Congresso da École Freudienne de Paris, aula de 31 de outubro de 1974. Roma. Inédito.
[20] LACAN, J (1974) Televisão. In: LACAN, J. *Outros escritos*. Tradução de Vera Ribeiro. Rio de Janeiro: Jorge Zahar Editor, 2003.

exclui o desejo e, por isso, não é sedutor. O discurso histérico aponta a sedução e não exclui que o saber está a serviço do poder, coisas incompatíveis — saber e poder — na ética do discurso analítico. Saber e poder não podem estar nunca juntos. Lembro que Lacan dizia em "O lugar da psicanálise na medicina"[21], em 1966, acho, que a ciência não é incapaz de saber o que pode, mas ela, não mais do que o sujeito que a engendra, não pode saber o que quer, isto é, não pode saber seu desejo. Claro que o cientista aloja o saber que produz no real, mas não o alcança, ainda que o pretenda — antes acreditávamos que o Outro era consistente e que o alcançava. O discurso do analista é muito diferente, aloja-o no lugar da verdade.

Vou fazer uma separação clara: o discurso histérico produz saber que é incapaz de alcançar a causa de desejo. O discurso do analista faz produzir os significantes, mas que são incapazes — por isso eu falava de nossa impotência para com nossos sectários — de alcançar o saber do inconsciente, por isso não se entenderia que o analista se acredita poderoso. E o discurso científico produz saber, mas é incapaz de alcançar alguma verdade e nisso se assemelha ao discurso histérico, em nada mais que nisso. Não se propõe, muito menos, a alcançar a verdade, foraclui a verdade, a ciência e a subjetividade. E isso por sorte, porque, de modo contrário, não poderíamos nos colocar sob os cuidados dos cirurgiões, por exemplo, se eles se ocupassem da subjetividade humana. O grande problema do discurso científico, como do discurso histérico e do discurso

---

[21]LACAN, J. (1966) O lugar da psicanálise na medicina. In: *Opção lacaniana — Revista brasileira internacional de psicanálise*, número 32. São Paulo: Edições Eolia.

do analista, creio que é sempre ético: já dizem os cientistas que o discurso capitalista só se interessa pela ciência quando ela serve aos interesses das leis de mercado, de outro modo, a ciência não lhe importa. E as leis de mercado geraram a falácia dos *experts*, os quais avaliam a partir de um pretendido saber.

O pior é que o saber da ciência se colocou a serviço do discurso do amo, do poder político, gerando, por exemplo, armas para a guerra e a destruição, coisas disparatadas e danosas das quais temos padecido. Agora, queremos uma ciência ética, que tenha poder sobre o Real do tal vírus, e assim levamos, esperando a vacina como se ela possuísse o estatuto de Deus. A ciência é agora como uma nova religião, acho, vamos discutir. O *fator R*[22], calculado pelos matemáticos para prever a taxa de contágio, é como um deus que se invocava nos tempos da peste. Agora, rechaçaríamos o poder da ciência quando ela se põe a serviço da vida humana e não do mercado capitalista? Outra pergunta que se refere a nós diretamente: rechaçaríamos o poder terapêutico da psicanálise, que é uma *práxis*, uma prática para fazer com que as pessoas se sintam bem na vida, sintam-se contentes de viver, diz Lacan? Quando alguém está contente de viver, basta. Serve o epistêmico da psicanálise — esse saber do inconsciente, mas não só, pois é um saber da estrutura — para uma *práxis* não alheia ao desejo singular de alguém? Se não serve, é um saber universitário, por exemplo. Podemos entender a angústia do homem da ciência como motivada por ele não saber se não é demasiado tarde para

---

[22]Nota da editora: Potencial de propagação de um vírus dentro de determinadas condições.

paliar os danos que ameaçam a vida humana, por exemplo? Lacan, em 1974, nos diz para não sermos tão pessimistas. Não me coloco nem entre os alarmistas, nem entre os angustiados, diz Lacan. Penso que a chave é ética. Não se deixar fagocitar pelas coisas horripilantes — muitas produtos da tecnociência do discurso capitalista, diria eu — nem pela religião. A chave são as promessas de falsa liberação, com muitas promessas da nova normalidade; diz Lacan, "não seja pessimista, pois o homem é um inútil, incapaz de destruir a si mesmo"[23]. Bom, eu diria que esse é o desejo de Lacan de 1974.

Para terminar, eu diria que pandemia traz à luz o fato de que os valores que consideramos vitais não são os do discurso capitalista. Os profissionais da saúde são sujeitos movidos pela paixão de curar, não são heróis, nem cientistas, e muito menos ainda sujeitos rentáveis no mercado, por isso o sucateamento da saúde pública. Eu ainda diria que o incerto desenlace entre Eros e Thanatos, sobre o qual Freud fala no final de "O mal-estar na civilização"[24], ocorra ou como empuxo à paranoia generalizada — inerente ao rechaço da castração, sendo o vírus uma encarnação do mal advindo do Outro, do gozo do Outro —, ou como empuxo a uma ética que freie os estragos do cinismo capitalista sobre o valor da vida humana e a dignidade dos sujeitos. Não está claro o desenlace.

---

[23]LACAN, J. (1974) La dificultad de vivir. In: *Panorama*. Roma, 21 de dezembro de 1974. Disponível em *https://www.iztacala.unam.mx/errancia/v14/PDFS_1/ polieticas%20TEXTO%205%20LA%20DIFICULTAD%20DE%20VIVIR.pdf*, p. 8. Acessado em 7 de agosto de 2020, às 11h56.
[24]FREUD, S. (1930) O mal-estar na civilização. In: FREUD, S. *Edição standard brasileira das obras psicológicas completas de Sigmund Freud. O futuro de uma ilusão, O mal-estar na civilização e outros trabalhos (1927-1931)*. Direção de tradução de Jayme Salomão. Rio de Janeiro: Imago, 1996, volume XXI.

Economia ou saúde, penso que é um falso dilema. Sabemos que sem venda da força de trabalho não se pode viver e que, sem saúde, de nada serve a rentabilidade da venda da força de trabalho. A ciência saberá ganhar o real para dominá-lo. E a psicanálise, saber do contingente necessário à subjetividade humana, pode fazer boas relações com a ciência, por que não? Mas isso está próximo do impossível. Por isso, eu diria: aprendamos a subverter a tecnologia; não olhemos para ela como se fosse nada; coloquemos a tecnologia a serviço da psicanálise, aplicando-a às práticas terapêuticas, cada vez mais necessárias para responder às novas demandas dos sujeitos. Ninguém quer saber e menos ainda sobre o que falha entre os corpos dos falasseres, para o qual não há remédio. Queremos abraços, mas por acaso nos abraçávamos de verdade quando eles não estavam proibidos? Neuróticos ou psicóticos sofrem por não poder dar abraços ou por não poder recebê-los, mas sempre, em vão, ansiamos por algo, sobretudo quando não o temos. Concluindo, a psicanálise é, por certo, uma experiência da verdade, do saber e da ética. Ela aspira a modificar o Real da condição humana tanto quanto a ciência transforma outras em mercadorias do real. O saber da psicanálise requer que a verdade tenha ocupado seu lugar. O que Lacan propõe aos analistas é o que, a meu ver, se esforça para não cair no pior, porque o pior é a seita do pensamento único. Lacan não hesita quando afirma que os analistas, caso não contribuam com o saber, vão se apagar e se extinguir. Mas, no seminário *Mais, ainda*, ele deixa claro que o saber implica o gozo. Por isso, as máquinas não sabem. O saber da ciência foraclui a verdade e, assim, exclui a questão do desejo; mas é esse discurso capitalista aquele que foraclui a castração, e não a ciência. Que a psicanálise volte a colocar em seu lugar a castração e seu discurso sobre a ética. Assim, concluo, nem idealismos do desejo, nem idealismos do saber, e cuidado com os destinos do mais-de-gozar, pois neles não se pode confiar.

Noites sombrias: VELHICE e DESAMPARO

Isloany Machado[1]

O que me fez escolher este tema foi um filme de 2017 chamado *Nossas Noites*. A atriz Jane Fonda interpreta uma viúva solitária que decide certa noite convidar o vizinho, também viúvo, interpretado por Robert Redford, para dormir em sua casa. A proposta indecente, que tem por objetivo ajudá-la com a insônia e a solidão, acaba tendo outros desdobramentos. Não quero me demorar no filme, para além do fato de que retrata bastante bem a questão do desamparo na velhice. Mas o que é a velhice? Vamos por partes.

Em seu famoso texto de 1915, Freud teoriza sobre um dos pilares do conceito de inconsciente e sua relação com o tempo: "Os processos do sistema *Ics.* são *intemporais*; [...] não se alteram com a passagem do tempo; não têm

---

[1] Psicanalista e escritora, membra da Escola de Psicanálise dos Fóruns do Campo Lacaniano, do Fórum do Campo Lacaniano do Mato Grosso do Sul e do Ágora Instituto Lacaniano.

absolutamente qualquer referência ao tempo. A referência ao tempo vincula-se, mais uma vez, ao trabalho do sistema *Cs*"[2]. Ainda sobre esta questão, em "A dissecção da personalidade psíquica", afirma: "No Id, não existe nada que corresponda à ideia de tempo; não há reconhecimento da passagem do tempo [...]. Impulsos plenos de desejos [...], e também impressões, que foram mergulhadas no Id pelos recalques, são virtualmente imortais; depois de se passarem décadas, comportam-se como se tivessem ocorrido há pouco"[3]. A partir dessa tese freudiana, e em conjunto com a teoria lacaniana, Mucida defende a tese de que o sujeito (do inconsciente) não envelhece[4].

No campo da psicanálise, não há lugar para generalizações, somente para o caso a caso. Nossa escuta está para aqueles que querem fazer algo com sua dor, um saber fazer com o sofrer. A ética do desejo e da singularidade nos coloca em posição oposta à de autores como Ferenczi, que acreditava ser a velhice um limite para a psicanálise, pois que "as defesas estariam por demais assentadas e não haveria tempo hábil às retificações e mudanças subjetivas"[5]. Pois bem, estamos na contramão deste argumento utilitário e fatalista, e nossa experiência clínica nos dá razões para nos posicionarmos

---

[2]FREUD, S. (1915) O inconsciente. In: FREUD, S. *Edição standard brasileiras das obras psicológicas completas de Sigmund Freud*. Direção de tradução de Jayme Salomão. Rio de Janeiro: Imago, 1996, volume XIV, p. 192.
[3]FREUD, S. (1932) Conferência XXXI: A dissecação da personalidade psíquica. In: FREUD, S. *Edição standard brasileiras das obras psicológicas completas de Sigmund Freud*. Direção de tradução de Jayme Salomão. Rio de Janeiro: Imago, 1996, volume XXII, p. 78-79.
[4]MUCIDA, A. *O sujeito não envelhece: psicanálise e velhice*. Belo Horizonte: Autêntica Editora, 2012.
[5]*Ibid.*, p. 15.

desta maneira todos os dias: já recebi uma jovem de 80 anos cujo fantasma voejava na leveza dos 20, também já ouvi os queixumes de um velho de só 35 anos. Para aqueles que desejam, para os que fazem questão e sintoma com a velhice (já que muitas coisas são reatualizadas, tais como o desamparo, a castração, dentre outros), há que elaborar o luto das perdas, rearranjar a própria velhice em novas cadeias significantes, descobrir os possíveis em detrimento daquilo a que já há um limite.

Se podemos dizer com Izcovich[6] que não temos a idade de nossas artérias, mas, sim, de nosso fantasma, não há como negar a decrepitude do corpo, a face real disso que nos enoda ao deus *Chronos*. O sujeito não envelhece, mas o corpo sim. Há um Real aí, mas podemos dizer também que cada um envelhece a seu modo. Segundo Mucida, "Como um quadro, a velhice depende das mãos de seu pintor, da escolha das tintas [...]. Se a pintura exibida nesse quadro só é construída por cada um e de seu próprio modo, o certo é que ninguém escapará dela, salvo morrendo-se antes"[7]. Em uma carta a Lou Andreas-Salomé, Freud diz que gostaria de "morrer sem preâmbulos", no entanto, enfrentou longos 16 anos de um tratamento de câncer, até chegar ao ponto de pedir ao seu médico que terminasse com a tortura: "Dois centigramas de morfina são suficientes para adormecer Freud. A dose é repetida doze horas depois. Freud entra num coma de que não mais despertará"[8].

---

[6]IZCOVICH, L. *As marcas de uma psicanálise*. São Paulo: Aller, 2018.
[7]MUCIDA, A. *O sujeito não envelhece: psicanálise e velhice*. Belo Horizonte, Autêntica Editora, 2012, p. 17.
[8]MANNONI, M. *apud* MUCIDA, A. *O sujeito não envelhece: psicanálise e velhice*. Belo Horizonte, Autêntica Editora, 2012, p. 43.

A Freud não foi possível morrer sem preâmbulo, no entanto, mesmo na dor, produziu importantes textos.

A forma como cada um reage ao próprio envelhecimento tem a ver com o olhar deste Outro social, a maneira com que cada cultura lida com os mais velhos. Mucida cita Simone de Beauvoir para dizer que, em algumas culturas, "quando o clima é duro, as circunstâncias difíceis, os recursos insuficientes, a velhice dos homens assemelha-se muitas vezes às dos bichos" e, ainda, que "os esquimós, por exemplo, muitas vezes trancam os idosos em iglus, onde morrem de frio"[9]. Mas, segundo Beauvoir, "a maior parte das sociedades primitivas não deixa os idosos morrerem como bichos. Entre os mongóis, dá-se extrema importância ao saber dos idosos e esses são respeitados. [...] Há várias comunidades pobres, rudimentares, nas quais os idosos não são eliminados"[10]. O povo de Bali, "rico nas expressões artísticas como a dança e a poesia, tendo boa saúde, e conservando um ótimo domínio do corpo, não para de trabalhar até a morte. Os idosos têm um lugar social importante"[11].

Como nossa cultura, nosso país, tem tratado os idosos? Nas noites sombrias que atravessamos com a pandemia, mas não só, neste momento em que se chega ao escancaramento da prevalência da economia sobre a vida, os idosos perdem importantes lutas que vinham conquistando. Como efeito do discurso capitalista em sua versão mais cruel, o idoso encontra-se no lugar daquilo que não tem mais serventia e pode ser

---

[9]BEAUVOIR, S. apud MUCIDA, A. *O sujeito não envelhece: psicanálise e velhice*. Belo Horizonte, Autêntica Editora, 2012, p. 64.
[10]*Ibid.*, p. 65.
[11]*Ibid.*

descartado, sem história, sem saber. Tal como numa sociedade que leva seus velhos para morrerem no alto das montanhas geladas, a proposta é, não por acaso, um isolamento vertical, que não os poupa da morte como bichos. O governo federal não faz nada sozinho, se Bolsonaro ainda está lá é porque foi escolhido para garantir os privilégios dos que não querem perder nada, sequer querem saber de velhos, loucos, índios, negros, gays, pobres, mulheres e de todos os que se opõem a este massacre desvelado. Se nossos recursos estão concentrados nas mãos de alguns, de forma absolutamente desigual; se não é por falta de recursos financeiros que estamos descartando nossos velhos, por que motivo senão a barbárie? Que privilégios não podem ser perdidos para que outros humanos sobrevivam? Quanto mais uma cultura é agarrada às demonstrações fálicas, mais a velhice é descartável, por escancarar a castração, o limite, a finitude. A psicanálise não é complacente com a cegueira, ainda menos com aquilo que salta aos olhos.

"Considerações sobre a **GUERRA** e a **MORTE**" e suas possíveis relações com a **PANDEMIA**

Pricila Pesqueira de Souza[1]

Sobre as ilusões

O texto "Considerações sobre a guerra e a morte: temas da atualidade" foi escrito por Freud em 1914 e diz respeito ao horror causado pela Primeira Guerra Mundial. No início do texto, ele afirma:

> Nunca antes um acontecimento havia destruído tanto o custoso patrimônio da humanidade, nem havia lançado na confusão tantas das mais claras inteligências, nem deixado

---

[1] Psicanalista e psicóloga, membra da Escola de Psicanálise dos Fóruns do Campo Lacaniano e do Fórum do Campo Lacaniano do Mato Grosso do Sul. Mestra em Psicologia pela Universidade Estadual de Maringá.

cair por terra os valores superiores [...] É provável que ressintamos com força desmedida a maldade desta época, e não temos direito de compará-la com outras épocas que vivemos.[2] [tradução nossa]

Quero destacar duas coisas nessa citação: a primeira guerra como evento inaugural por ter provocado uma série de violações até então não observadas em outros momentos da história; e o ressentimento que ela causaria à humanidade, ou seja, re-sentiremos por muito tempo os horrores dessa época. Ainda nessa linha de raciocínio, Freud considera que as guerras não vão acabar "[...] enquanto os povos viverem em condições de existência tão diversas, enquanto houver diferença no valor que damos à vida dos indivíduos e enquanto os ódios que nos dividem sigam sendo forças com tanto império no anímico"[3] (tradução nossa). Há, nesse momento da obra freudiana, uma esperança de que certas coisas pudessem ser ultrapassadas. Segundo Adorno, trata-se ainda de uma esperança liberal ultrapassada em 1921, essa "[...] de que o progresso da civilização provocaria automaticamente um aumento da tolerância [...]"[4].

Nesse texto, Freud não fala daqueles que vão para guerra, que assistem de camarote ao horror da morte. Para os que ficaram

---

[2]FREUD, S. (1915) De guerra y de muerte: temas de actualidad In: FREUD, S. *Contribución a la historia del movimiento psicoanalítico, trabajos sobre metapsicología y otras obras*. Tradução de J. L. Etcheverry. Buenos Aires: Amorrortu, 2007, volume XIV, p. 277.
[3]*Ibid.*, p. 278
[4]ADORNO, T. W. *A teoria freudiana e o padrão da propaganda fascista*. Blog da Boitempo. São Paulo, 2018. Disponível em *https://blogdaboitempo.com.br/2018/10/25/adorno-a-psicanalise-da-adesao-ao-fascismo/*. Acesso em 9 de julho de 2020, às 13h34.

em casa, segundo Freud, se colocam duas tarefas: lidar com a desilusão e com a mudança de atitude com relação à morte.

Se há uma desilusão, nos perguntamos: de qual ilusão estamos falando? A resposta, Freud nos fornece: a de que "[...] os grandes povos, como tais, haviam alcançado um entendimento suficiente acerca de seu patrimônio comum e uma tolerância com relação às diferenças que estrangeiro e inimigo já não poderiam confundir-se em um só conceito, como ocorria na Antiguidade Clássica"[5]. Se a equivalência entre estrangeiro e inimigo tivesse sido superada, o que veríamos, por parte das instituições internacionais, seria a máxima evitação da crueldade, piedade pelo ferido, pelos médicos e enfermeiros, pela população não combatente (mulheres e crianças). Adorno, pensando em "Psicologia das massas", aponta para o fato "[...] de que a dicotomia entre *in-group* e *out-group* é de natureza tão profundamente enraizada que afeta mesmo aqueles grupos cujas 'ideias' aparentemente excluem tais reações"[6].

Em uma carta a Romain Rolland, Prêmio Nobel da Paz de 1916, Freud diz:

> Até o fim de minha vida [...] hei de me lembrar da alegria de ter me relacionado com o senhor, pois seu nome está ligado, para mim, à mais preciosa de todas as belas ilusões: a reunião,

---

[5] FREUD, S. (1915) De guerra y de muerte: temas de actualidad In: FREUD, S. *Contribución a la historia del movimiento psicoanalítico, trabajos sobre metapsicología y otras obras*. Tradução de J. L. Etcheverry. Buenos Aires: Amorrortu, 2007, volume XIV, p. 278.
[6] ADORNO, T. W. *A teoria freudiana e o padrão da propaganda fascista*. Blog da Boitempo. São Paulo, 2018. Disponível em https://blogdaboitempo.com.br/2018/10/25/adorno-a-psicanalise-da-adesao-ao-fascismo/. Acesso em 9 de julho de 2020, às 13h34.

num mesmo amor, de todos os filhos dos homens. Pertenço, certamente, a uma raça que a Idade Média responsabilizou por todas as epidemias nacionais e que o mundo moderno acusa de haver conduzido o Império Austríaco à decadência e a Alemanha à derrota. Essas experiências desencantam e deixam pouca propensão a acreditar nas ilusões. Além disso, ao longo de toda minha vida [...], uma parte importante de meu trabalho consistiu em destruir minhas próprias ilusões e as da humanidade.[7]

O que se depreende desse belíssimo trecho da carta, pensando em nosso tema, é que há uma enorme diferença em destruir ilusões por meio de processos civilizatórios (estudo, análise pessoal, achados da ciência) e destruir as ilusões por meio da barbárie. Esta última causa o que Freud chamou em 1914 de "miséria anímica"[8].

Com Colette Soler, sabemos que segregação é diferente de discriminação. Por discriminação, ela entende "diferença afirmada e mantida"[9]. Portanto, se é impossível evitar a discriminação, é possível e necessário evitar a segregação.

Sobre o ser humano

Freud nos ensina que as pulsões são sempre a essência mais profunda dos homens e que seus destinos percorrem um

---

[7]ROUDINESCO, E. *História da psicanálise da França: a batalha dos cem anos (1925-1985)*. Rio de Janeiro: Jorge Zahar Editor, 1988, volume 2, p. 97.
[8]FREUD, S. (1915) De guerra y de muerte: temas de actualidad In: FREUD, S. *Contribución a la historia del movimiento psicoanalítico, trabajos sobre metapsicología y otras obras*. Tradução de J. L. Etcheverry. Buenos Aires: Amorrortu, 2007, volume XIV, p. 277.
[9]SOLER, C. Sobre a segregação. In: *O brilho da inFelicidade*. Rio de Janeiro: Kalimeros, 1998, p. 49.

longo caminho: são inibidas, direcionadas a outras metas, fusionam-se umas com as outras, mudam seus objetivos e se voltam em parte à própria pessoa. É depois desses destinos que se pode falar do caráter de um homem, ou seja, não na infância. Freud ainda nos diz que a educação "provoca no homem uma reforma de sua vida pulsional ao bem, uma mudança do egoísmo para o altruísmo. Mas esse não é seu efeito nem necessário nem regular"[10] (tradução nossa). Em muitas pessoas, diferente do que nosso otimismo quer ver, não se consuma esse "enobrecimento pulsional"[11] (tradução nossa). Diante de algumas situações, como a Guerra, pessoas que não têm esse enobrecimento pulsional, mas se comportavam nesse sentido por razões externas (vantagens, evitar castigos), têm a oportunidade de satisfazer suas pulsões egoístas. Aqui faço um parêntese: a guerra que o mundo vive não é a mesma que o Brasil vive, aqui os inimigos são muitos, todos aqueles que se colocam contra a vida como valor máximo, e isso acontece há quinhentos anos. Então, com Freud sabemos que há egoístas. Com Lacan, dizemos que há canalhas. E a esses a psicanálise deve ser recusada[12].

Fora isso, há a pulsão de morte. No seminário 21, Lacan, usando a metáfora da guerra, aponta: "se há aqueles que gozam com fazer-se matar, eles têm vantagem"[13].

---

[10]FREUD, S. (1915) De guerra y de muerte: temas de actualidad In: FREUD, S. *Contribución a la historia del movimiento psicoanalítico, trabajos sobre metapsicología y otras obras*. Tradução de J. L. Etcheverry. Buenos Aires: Amorrortu, 2007, volume XIV, p. 285.
[11]*Ibid*.
[12]LACAN, J. (1971) Televisão. In: LACAN, J. *Outros escritos*. Tradução de Vera Ribeiro. Rio de Janeiro: Zahar Editor, 2003.
[13]LACAN, J. (1973-1974) *Os não-tolos erram/Os nomes do pai*. Organização e tradução de Frederico Denez e Gustavo Capobianco Volaco. Porto Alegre: Fi, 2018, p. 42, aula de 20 de novembro de 1973.

Freud, em "Da guerra e da morte", mas também em muitos outros momentos, nos diz que nossa história é uma sequência de matança de povos, mas que o amor "[...] não pode ser muito mais recente que o gosto de matar"[14]. Em "O futuro de uma ilusão", Freud sublinha que, além de praticado, o assassinato é por vezes ordenado em nossa cultura[15]. Em "Moisés e o monoteísmo", um de seus últimos textos, reitera essa ideia. E acrescenta brilhantemente que um assassinato é re-sentido, re-vivido, principalmente quando recalcado[16].

SOBRE A MORTE

Em *O sétimo selo*[17], Bergman aborda, de forma genial, o tema da morte a partir de um personagem que joga xadrez com ela. O contexto é o retorno das Cruzadas e a peste negra, enfermidade terrivelmente agressiva que poderia matar uma pessoa em 24 horas. Essa pandemia foi responsável pela morte de milhões de pessoas. No filme, Antonius, em seu primeiro diálogo com a morte, pergunta se ela veio buscá-lo, ela responde que esteve por muito tempo ao seu lado. Ele pede: "Eu sei, espere mais um pouco". A morte rebate: "Vocês sempre dizem isso".

---

[14] FREUD, S. (1915) De guerra y de muerte: temas de actualidad In: FREUD, S. *Contribución a la historia del movimiento psicoanalítico, trabajos sobre metapsicología y otras obras*. Tradução de J. L. Etcheverry. Buenos Aires: Amorrortu, 2007, volume XIV, p. 294.
[15] FREUD, S. (1927) El porvenir de una ilusión. In: FREUD, S. *El porvenir de una ilusión, El malestar em la cultura, y otras obras*. Tradução de J. L. Etcheverry. Buenos Aires: Amorrortu, 2007, volume XXI, p. 11.
[16] FREUD, S. (1938) Moisés y la religión monoteísta. In: FREUD, S. *Moisés y la religión monoteísta, Esquema del psicoanálisis, y otras obras*. Tradução de J. L. Etcheverry. Buenos Aires: Amorrortu, 2007, volume XXIII.
[17] *O SÉTIMO SELO*. Direção: Ingmar Bergman. Suécia, 1956.

Em *A dança da morte*, do artista alemão Hans Holbein (1497-1543), a morte também é retratada de forma célebre. As xilogravuras foram desenhadas entre 1523 e 1525. O autor também tinha como pano de fundo a peste negra.

> Em uma série de cenas cheias de ação, a Morte invade o cotidiano de trinta e quatro pessoas de vários níveis da sociedade — do papa ao médico e ao lavrador. A morte dá a cada um tratamento especial: espetar um cavaleiro através da barriga com uma lança; arrastando uma duquesa pelos pés para fora de sua cama opulenta; quebrando o mastro de um marinheiro em dois. A morte, o grande nivelador, não deixa ninguém escapar.[18] [tradução nossa]

A seguir, destaco duas gravuras[19]:

The miser (O avarento)

---

[18]Disponível em *https://publicdomainreview.org/collection/hans-holbeins-dance-of-death-1523-5*. Acesso em 9 de julho de 2020, às 13h43.
[19]*Ibid.*

The ploughman (O lavrador)

Na primeira, um comerciante tenta espantar a morte que está lhe roubado as moedas. Parece não entender que a vida está seriamente em risco ou parece não se importar com isso. Na segunda, a morte é generosa com um lavrador. Ao fundo, uma igreja sugerindo que esse homem encontraria o paraíso.

Freud, em "Da guerra e da morte", afirma que nossa atitude convencional diante da morte é negá-la. Apesar dos ditados populares existentes em todas as culturas, como "Só temos uma certeza na vida, a certeza de que vamos morrer", de fato, nos comportamos como se fôssemos imortais. Sendo assim, quando alguém próximo de nós morre, a primeira pergunta que fazemos é: "morreu de quê?". Ao que outrem imediatamente responde: "morreu porque bebia muito", "morreu porque se alimentava mal" etc. Nossa atitude, então, passa a ser de evitação: se eu não beber, se eu me alimentar de forma saudável etc. E isso, segundo Freud, tem um efeito sobre a vida: "a vida se empobrece, perde interesse, quando a máxima aposta em jogo na vida, que é a vida mesma, não se pode arriscar"[20]. Uma vida assim, que considera a morte como absoluta contingência, é muito cheia de renúncias e exclusões. Para o pai da psicanálise, "[...] a guerra há de varrer esse tratamento convencional da morte. Esta já não se deixa desmentir; é preciso crer nela [...] a acumulação põe fim à impressão de contingência. A vida de novo volta a ser interessante, recupera seu conteúdo pleno"[21].

É evidente que a guerra não é uma conquista, mas ela pode "[...] deixar mais espaço para a verdade e fazer que de novo a vida se torne mais suportável. E suportar a vida segue sendo o primeiro dever de todo ser vivo. A ilusão perde todo o valor quando nos atrapalha nisso"[22]. Em outras palavras: diante de algumas situações da vida (poderíamos pensar aqui na guerra, na pandemia, no envelhecimento), há uma abertura para dar outro significado à vida, já que não mais podemos desmentir a morte. Nas palavras de Bergman, em *O sétimo selo*: "Sintam o triunfo de estarem vivos" ou "Sua vida, ó idiota, se segura por um fio. Curta o seu dia".

Encerro com a frase de um paciente filho de um grande empresário, desses que poderiam parar durante a pandemia sem grandes prejuízos econômicos: "Meu pai poderia fechar a empresa por um bom tempo, mas temos nossas diferenças, ele pensa como empresário, não pensa como ser humano".

---

[20]FREUD, S. (1915) De guerra y de muerte: temas de actualidad In: FREUD, S. *Contribución a la historia del movimento psicoanalítico, trabajos sobre metapsicología y otras obras*. Tradução de J. L. Etcheverry. Buenos Aires: Amorrortu, 2007, volume XIV, p. 291.
[21]*Ibid.*, p. 292.
[22]*Ibid.*, p. 301.

Se não pudermos modificar nossa atitude diante da vida, como sugeriu Freud — pois:

> Há o recalcado. Sempre. É irredutível. Elaborar o inconsciente, como se faz na análise, não é senão produzir ali esse furo. Freud, ele mesmo, eu o lembro, leva isso em conta faz disso o caso. Isso me parece confluir pertinentemente para a morte. À morte, que com a qual eu identifico ali pelo fato que, 'como o sol', diz alguém, ela não se pode olhar de frente. Também, não mais que qualquer um, eu não a olho. Faço o que tenho que fazer, que é fazer frente ao fato, trilhado por Freud, do inconsciente.[23]

—, que ao menos as pilhas de mortos nos façam pensar como humanos.

---

[23] LACAN, J. (1980) *Carta para a Causa freudiana*. Tradução de Ana Laura Prates et al. Disponível em: *https://104d244b-376b-4044-9d55c2bc94ff1380.filesusr.com/ugd/368be5_7309a71c9c7548cd83552238c7ffd48d.pdf*. Acesso em 9 de julho de 2020, p. 1.

MORTE e LUTO
na pandemia

Marilene Kovalski[1]

Somos todos habitantes da Terra!

Embora assujeitados à mesma tempestade, certamente não estamos no mesmo barco.

Portanto, espera-se que possamos compreender e aceitar as respostas possíveis de cada um frente ao mal-estar que assola nossa civilização.

Vivemos num Brasil sob a égide da necropolítica, com a precarização da saúde, ataques à ciência, desemprego e desigualdade, é salve-se quem puder frente ao desamparo gigantesco provocado pelo atual desgoverno.

Diante do Real que nos assola, abrem-se fendas em todos os saberes. Na ciência, na medicina, entre outros. As demandas de informações diante do desconhecido da pandemia chegam ao psicanalista quase todos os dias. Numa delas, uma entrevista a um jornal, buscava-se saber sobre as consequências

---

[1] Psicanalista, membra da Escola de Psicanálise dos Fóruns do Campo Lacaniano e do Fórum do Campo Lacaniano do Mato Grosso do Sul.

emocionais do luto, no tocante à impossibilidade em realizar de forma digna os rituais fúnebres.

No mesmo instante, senti um vazio, parecia-me que todo o saber que possuía até então sobre o tema não me assegurava.

Os rituais fúnebres servem para quê? Em síntese, para nos dar um contorno simbólico ao Real da morte. Cada família, com apoio de parentes e amigos, vai eternizar um lugar ao seu ente querido. Vai lidar e se reorganizar com essa perda e, também, elaborar o que ele próprio foi para a pessoa perdida.

O luto é um processo lento e doloroso, caracterizado por uma profunda tristeza em que pensamentos e sentimentos encontram-se quase exclusivamente ligados ao objeto perdido. E muito pouco, neste período, é investido no mundo externo.

O apoio a este processo se dá através do teste de realidade, que, ao evidenciar reiteradamente que o objeto amado não está mais presente, não mais existe, exige que a libido seja desprendida, retirada do objeto perdido e reinvestida no ego ou em uma substituição por um novo objeto de amor.

Esse endereçamento se faz necessário, mas há um tempo para cada um. Não é possível acelerar.

O ritual fúnebre se presta a este amparo de realidade, simbólica e imagética, revelando que ali só tem um corpo, que já não vive, a não ser através de significantes testemunhados pela fala e pelos rituais: o tempo do velamento, o último adeus, os discursos de reconhecimento, tudo isso constitui prova de realidade.

Esse rito marca a transitoriedade entre o antes e o depois, a vida e a morte. Um desfecho lento e não sem sofrimento, até que o psiquismo se reorganize frente ao objeto perdido.

Reorganização que dependerá da estrutura, dos recursos e dos fantasmas de cada um e da libido investida no objeto perdido.

Como cada um vai se ajeitar, se arranjar, não sabemos, mas o fato que se apresenta com a pandemia neste distanciamento frente ao funeral certamente trará prejuízos à experiência do luto. Virão daí novos sintomas e agravamentos de quadros atuais?

A morte pela covid-19 realmente nos faz pensar sobre o luto com certa peculiaridade, pois não se trata da falta de um corpo para enterrar, como era o caso dos desaparecidos da ditadura.

Não se trata também do caso de Antígona, que tinha um corpo, o de seu irmão, mas, por uma lei imposta, era-lhe proibido fazer o funeral e um enterro digno.

No caso das vítimas do coronavírus, há um corpo, mas as restrições ao funeral e a um enterro digno se devem à possibilidade de contaminação pelo vírus e à ameaça de morte. Advém daí um turbilhão de afetos e sentimentos contraditórios, difícil de nomear. Por um lado, é o ente querido, tão próximo e digno de amor e afeto, carregado de representações; por outro lado, um corpo duplamente portador da morte.

Em seu perfil no Facebook, por meio de um vídeo, nosso colega psicanalista Paul Kardous relata a dimensão deste momento diante da perda de seu irmão: "...levá-lo para ser cremado, onde só eu e minha sobrinha tivemos a oportunidade de darmos o último adeus, o caixão fechado e lacrado, durante dez minutos porque precisava cremar o corpo o mais rápido possível. A noção é de quase que um resto que vai embora, que é uma coisa que pode contaminar todo mundo, que não é um ser humano, que tem uma história, que tem um corpo, que tem um nome, que tem um sobrenome"[2].

Os corpos, em sua grande maioria, enterrados em valas, sem a presença de amigos e familiares, sem discurso, sem falas, sem trocas afetivas de conforto e alento, em rituais rápidos. Sem até mesmo a certeza de que o corpo enterrado é o do familiar, pois não é permitido ver e tocar, são sacos que contêm corpos. Será que têm ao menos uma identificação segura?

Uma banalização da morte. Há um apagamento do sujeito, sem lápide, sem memória, sem o testemunho de uma vida, de uma identificação e de uma história. Um "todos iguais no final".

Recorri, como psicanalista, a Freud, na esperança de um saber que desse conta do momento que vivemos. E me surpreendi com tamanha semelhança ao vivido por ele mesmo exatamente 100 anos atrás.

Encontrei um testemunho de seu sofrimento quando da perda precoce da sua filha Sophie, em 25 de janeiro de 1920, na pandemia da gripe espanhola. Sophie faleceu aos 26 anos, com uma gripe agravada por pneumonia. "Foi um choque", disse Freud.

A dimensão de seu sofrimento está na sua carta de 27 de janeiro ao Pastor Pfister: "Nesta tarde, recebemos a notícia de que nossa doce Sophie em Hamburgo havia sido arrancada de nosso convívio por grave pneumonia, arrancada em meio a uma saúde brilhante, de uma vida plena e ativa como mãe

---
[2] Registro disponível *https://www.facebook.com/1630665880/posts/10219651213304132/?d=n*. Acesso em 9 de julho de 2020, às 15h08.

competente e esposa amorosa, tudo em quatro ou cinco dias, como se ela nunca tivesse existido"[3].

"[...] não sei", escreveu Freud a Kata Levy no final de fevereiro de 1920, "se a alegria tornará a nos visitar algum dia. Minha pobre esposa sofreu um golpe demasiado rude". À mãe de seu genro escreveu: "[...] na verdade uma mãe não pode ser consolada, e como estou agora descobrindo, dificilmente um pai"[4].

Ao dar as condolências ao viúvo desolado, Freud escreveu: "[...] foi um ato de destino brutal e sem sentido que nos roubou nossa Sophie. Tem-se que se curvar a cabeça sob o golpe, como um pobre e desamparado ser humano com quem brincam poderes superiores. Sabemos que a morte faz parte da vida, é inevitável e vem quando quer. Sobreviver a um filho não é nada agradável. O destino não se atém sequer a essa ordem de precedência. Não tenho ninguém a quem acusar e sei que não há nenhum lugar onde se possa apresentar uma acusação"[5].

Quando Sigmund Freud perdeu sua filha Sophie, viu-se obrigado a mudar muitas das suas teorias sobre o luto. Ele teve plena consciência de que aquela dor e aquele vazio nunca iriam embora; poderiam diminuir com o tempo, mas nunca sumir. Por sua vez, entendeu que não existiam refúgios para onde ir e aliviar o sofrimento, porque a morte de um filho era, no seu parecer, algo inconcebível[6].

---

[3]Disponível em *https://farolblumenau.com/gripe-espanhola-os-freud-nunca-superaram-totalmente-esta-perda/*. Acesso em 9 de julho de 2020, às 15h09.
[4]*Ibid.*
[5]*Ibid.*
[6]Disponível em *https://amenteemaravilhosa.com.br/quando-sigmund-freud-perdeu-sua-filha/*. Acesso em 20 de julho de 2020, às 14h23.

Freud escreveu ao amigo e colega Ludwig Binswanger que "sua dor era uma forma de seguir apegado ao amor e, por isso, era melhor não se desprender totalmente"[7], há algo do luto que permanece.

Freud ainda escreve na carta: "[...] sabemos que a dor aguda que sentimos depois de uma perda segue seu curso, mas também permanecemos inconsoláveis e nunca encontramos um substituto. Não importa o que aconteça, não importa o que façamos, a dor sempre estará lá. E é assim que deveria ser. É a única forma de perpetuar um amor que não queremos abandonar"[8].

Muito teremos para construir em psicanálise sobre o luto, durante a presente pandemia em particular, a partir de nossas escutas sobre o Real da morte.

Mas Freud nos responde com sua "humanidade" diante da dor, do desamparo e dos limites humanos.

---

[7] *Ibid.*
[8] *Ibid.*

Pontuações sobre o **LUTO** e a **ÉTICA** da psicanálise

Zilda Machado[1]

Em 2020, somos assolados por um acontecimento real de proporção mundial. Elizabeth da Rocha Miranda, no Espaço Escola do Fórum do Campo Lacaniano de Belo Horizonte, nos lembrou que não, não é a pandemia que é o Real. A pandemia é um acontecimento — para o qual não estávamos preparados — que incide na série que reverbera o Real, que já está lá para cada um de nós.

Nosso encontro com o Real se deu lá atrás, no tempo de constituição do sujeito, no que Lacan chamou de *troumatisme*. Um buraco. Uma falha da estrutura que nos constitui seres falantes e que deixa no coração do ser a marca dessa falta cravada como uma cicatriz e aponta indelevelmente o desamparo do sujeito diante do Outro, pois, como o Outro

---
[1] Membra da Escola de Psicanálise dos Fóruns do Campo Lacaniano e do Fórum do Campo Lacaniano de Belo Horizonte.

não existe, o encontro é sempre com o Outro da linguagem, encarnado no pequeno outro, tão desamparado quanto nós mesmos.

O tema desta jornada: Psicanálise e Pandemia. O que a psicanálise pode nos dizer sobre esse acontecimento — a pandemia do coronavírus — e seus efeitos, que alteraram radicalmente o nosso modo de viver? Muitos colegas já trataram a questão por diversos aspectos.

Há algumas semanas o jornal *O Tempo* me pediu para falar sobre o problema do luto das pessoas que não estão podendo enterrar seus mortos. Ali eu respondi algo mais ou menos assim: a humanidade criou os ritos fúnebres para dar contorno simbólico ao Real da morte, ao Real do desaparecimento de um ente querido. Esta é uma forma de eternizá-lo, de cultuar sua vida, dando ao Real da morte dimensão simbólica. Não poder enterrar nossos mortos e, mais que isso, ver os cadáveres jogados na rua, os enterros em valas coletivas, os empilhamentos de corpos de idosos mortos no asilo, há algo aí de abjeto, não se pode consentir isso. Não podemos franquear aquilo que nos torna humanos. Isso não! A sepultura, como Lacan nos aponta, "é o ponto pelo qual datamos, no homem, o ser falante"[2], cujo corpo, por ter sido habitado pela linguagem, não se transforma em carniça como os demais animais. A sepultura é "o lugar onde se afirma de uma espécie que, ao contrário de qualquer outra, o cadáver preserva o que dava ao vivente o caráter: corpo"[3].

---

[2]LACAN, J. (1970) Radiofonia. In: LACAN, J. *Outros Escritos*. Tradução de Vera Ribeiro. Rio de Janeiro: Jorge Zahar Editor, p. 407.
[3]*Ibid.*

Mas, neste momento da pandemia, em que de fato não podemos velar nossos mortos, dar a eles as últimas honrarias, como isso afetará o trabalho de luto? Maria Rita Kehl, em uma entrevista[4], diz temer que "seja infindável o luto dos familiares". O que é o luto? Freud diz: "o luto constitui um grande enigma, um daqueles fenômenos que por si só não podem ser explicados, mas a partir dos quais podem ser rastreadas outras obscuridades"[5]. Mas depois ele esclarece em "Luto e melancolia"[6]: o luto é um trabalho que o sujeito deve fazer para *realizar* aquela perda. Ou seja, para realizar, para produzir o estatuto simbólico do objeto perdido. É esse trabalho que permite ao sujeito, ao final, não só se arranjar com a perda daquela pessoa, mas também que consinta com ter perdido o que ele próprio foi para o outro. O sujeito que perde alguém perdeu não só aquela pessoa, perdeu o que ele era como objeto para aquela pessoa, o que ele era como causa no desejo daquele que agora lhe falta. Como a paciente que fala da mãe que acabara de falecer: "perdi o jeito dela me olhar".

Culpa, ambivalência, amor e ódio, segundo Freud neste artigo, dão a tessitura do trabalho simbólico a ser feito. Concluir o trabalho de luto é não só incluir em si, como herança, traços do outro que agora são meus por identificação, mas mais que

---

[4]Disponível em *https://epoca.globo.com/talvez-seja-infindavel-luto-dos-familiares-diz-maria-rita-kehl-1-24382274*. Acesso em 9 de julho, às 15h41.
[5]FREUD, S. (1916 [1915]) Sobre a transitoriedade. In: FREUD, S. *Edição standard brasileira das obras completas de Sigmund Freud. A história do movimento psicanalítico, Artigos sobre metapsicologia e outros trabalhos*. Direção de tradução de Jayme Salomão. Rio de Janeiro: Imago, volume XIV, p. 346.
[6]FREUD, S. (1917 [1915]) Luto e melancolia. In: FREUD, S. *Edição standard brasileira das obras completas de Sigmund Freud. A história do movimento psicanalítico, Artigos sobre metapsicologia e outros trabalhos*. Direção de tradução de Jayme Salomão. Rio de Janeiro: Imago, volume XIV, p. 276.

isso, consentir poder faltar no coração do outro. Consentir em ser aí somente uma perda, não mais que isso.

De minha parte, no jornal, sugeri que duas coisas poderiam ajudar: a arte, pois ela é o último véu diante do horror e, portanto, é a resistência dos humanos a toda e qualquer desumanização, e também a psicanálise.

Trago aqui um poema, pois podemos aprender com Adélia Prado.

> "... Mãe, ô mãe, ô pai, meu pai. Onde estão escondidos?
> É dentro de mim que eles estão.
> Não fiz mausoléu pra eles, pus os dois no chão.
> Nasceu lá, porque quis, um pé de saudade roxa
> que abunda nos cemitérios.
> Quem plantou foi o vento, a água da chuva.
> Quem vai matar é o sol.
> Passou finados não fui lá, aniversário também não.
> Pra quê, se pra chorar qualquer lugar me cabe?
> É de tanto lembrá-los que eu não vou.
> Ôôôô pai
> Ôôôô mãe
> Dentro de mim eles respondem
> tenazes e duros
> porque o zelo do espírito é sem meiguices:
> Ôôôô fia."[7]

E a psicanálise, por quê? Pelos efeitos que esse laço tão diferente dos demais promove no ser falante. Um deles, por

---
[7] PRADO, A. *Poesia reunida*. São Paulo: Siciliano, 1991, p. 21.

vir *realizando* em sua própria análise o estatuto do objeto perdido, pode ser capaz de transmutar a perda em causa, em causa de desejo, desejo do analista. É o que lhe permite oferecer aí ao outro, em sua humanidade, não só a solidariedade de "irmãos de discurso"[8] ou sua comiseração, mas oferecer a psicanálise àquele que bate à sua porta. Pois é a esse sujeito, a "vítima comovente, evadida de alhures, inocente, que rompe com o exílio que condena o homem moderno à mais assustadora galé social, que acolhemos quando ela vem a nós, é para esse ser de nada que nossa tarefa cotidiana consiste em reabrir o caminho de seu sentido, numa fraternidade discreta em relação à qual sempre somos por demais desiguais"[9]. O que só se pode alcançar por termos recebido também, de outrem, um dia, a mesma generosidade da porta aberta.

Aí sim poderemos converter o luto em verbo — lutar — para conseguirmos realizar aquilo que Freud indica no final de seu texto "Sobre a transitoriedade": "Quando o luto tiver terminado, verificar-se-á que o alto conceito em que tínhamos as riquezas da civilização nada perdeu com a descoberta de sua fragilidade. Reconstruiremos tudo o que a guerra destruiu, e talvez em terreno mais firme e de forma mais duradoura do que antes"[10].

---

[8]LACAN, J. (1971-1972) *O seminário, livro 19: ...ou pior*. Tradução de Vera Ribeiro. Rio de Janeiro, Jorge Zahar Editor, 2012, p. 226, aula de 21 de junho 1972.
[9]LACAN, J. (1948) A agressividade em psicanálise. In: LACAN, J. *Escritos*. Tradução de Vera Ribeiro. Rio de Janeiro: Jorge Zahar Editor, 1998 p. 126.
[10]FREUD, S. (1916 [1915]) Sobre a transitoriedade. In: FREUD, S. *Edição Standard Brasileira das Obras Completas de Sigmund Freud*. Direção de tradução de Jayme Salomão. Rio de Janeiro: Imago, 1974, volume XIV, p. 348.

Este livro foi reimpresso em março de 2021, quando contávamos mais de 294.000 mortos pela COVID-19 no Brasil. Estávamos sob o jugo de um governo federal que desprezava a ciência, a cultura e os direitos humanos.

Impressão realizada pela
Gráfica Forma Certa para Aller Editora.
A fonte usada no miolo é Source Serif Variable corpo 10,5.
O papel do miolo é Off White 80 g/m².